Los muslos sobre la grama

Poesía en prosa
(Antología personal)

Piedra de la locura
Colección

Collection
Stone of Madness

Miguel Ángel Zapata

Los muslos sobre la grama

(Antología personal)

Nueva York Poetry Press®

Nueva York Poetry Press LLC
128 Madison Avenue, Oficina 2NR
New York, NY 10016, USA
Teléfono: +1(929)354-7778
nuevayork.poetrypress@gmail.com
www.nuevayorkpoetrypress.com

Los muslos sobre la grama
Poesía en prosa
(Antología personal)
© 2022, Miguel Ángel Zapata

ISBN-13: 978-1-958001-61-5

© Colección *Piedra de la locura vol. 15*
Antologías personales
(Homenaje a Alejandra Pizarnik)

© Dirección y edición:
Marisa Russo

© Diagramación:
Daniela Andrade

© Diseño de portada:
William Velásquez Vásquez

© Acuarelas de portada e interiores
Juan Carlos Mestre

© Fotografía del autor:
Archivo personal MAZ

Zapata, Miguel Ángel
Los muslos sobre la grama. Miguel Ángel Zapata ; 1ª ed. New York: Nueva York Poetry Press, 2022. 304 pp. 6"x 9".

1. Poesía peruana. 2. Literatura latinoamericana.

Todos los derechos reservados. Esta publicación no puede ser reproducida, ni en todo ni en parte, ni registrada en o transmitida por, un sistema de recuperación de información, en electroóptico, por fotocopia, o cualquier otro, sin el permiso previo por escrito de la editorial, excepto en casos de citación breve en reseñas críticas y otros usos no comerciales permitidos por la ley de derechos de autor. Para solicitar permiso, contacte a la editora.

EL PODER LÍRICO
DE MIGUEL ÁNGEL ZAPATA

Víctor Manuel Mendiola

1

En medio de la poesía peruana de finales del siglo XX y principios del XXI, los poemas de Miguel Ángel Zapata resaltan por su rara frescura lírica, no obstante que una buena parte de sus poemas más notables están escritos en prosa. O, mejor dicho, Zapata ha sabido llevar al discurso del lenguaje prosaico una claridad y una ligereza que son propios del verso.

Desde la aparición de sus conocidos libros *Lumbre de la letra* y *El cielo que me escribe*, Zapata alcanzó una originalidad insoslayable. Hay poemas de él que me parecen insustituibles y, por qué no, inolvidables: "Mi cuervo anacoreta", "La iguana de Casandra" y "Mi caballo se ha quedado sin estrellas", entre otros. Cuando realicé la antología de la poesía peruana *La mitad del cuerpo sonríe* (FCE, 2005), la pequeña, pero sustanciosa obra poética de Zapata se me reveló con toda su fuerza.

No cabe la menor duda de que la nueva poesía peruana —dejando de lado las figuras centrales de mediados de los 50 de Sologuren, Eielson, Varela, Belli y Corcuera— es una de las literaturas con mayor presencia en el contexto hispanoamericano. Con voces tan señaladas como las de Antonio Cisneros, Rodolfo Hinostroza, Jorge Pimentel, José Watanabe y Carmen Ollé y voces más nuevas como la de Domingo de Ramos y Rossella di Paolo, el lector observa una descendencia lírica a la altura de los grandes poetas del Perú. Zapata es uno de ellos.

2

Quisiera hacer tres observaciones más:

Zapata ha creado un poema en prosa propio, muy personal, sólo de él. Con un lenguaje sencillo, imaginativo, sensible —no es sensiblero— y absolutamente auténtico nos deja ver, sin los artificios del verso y la rima —pero siempre con ellos en la mente—, el mundo interior de la vida familiar. Esto lo podemos observar en los poemas "La iguana de Casandra" y "Apuntes para un loro que no conoce tristeza". De otra manera, también lo podemos ver en "Mi cuervo anacoreta". También me parece digno de mención por su belleza y sinceridad el poema "Ensayo sobre la rosa". Echando mano de la libertad que da escribir en prosa, es decir, la libertad de moverte en cualquier dirección sin pensar en las sílabas, Zapata dibuja los lazos amorosos de la sangre.

Así pues, la poesía de Zapata es directa, sencilla y con un gran poder lírico. Me gustan más sus poemas familiares que sus poemas amorosos, aunque éstos también son buenos.

Para terminar, vuelvo a repetir una idea que ya expresé entre líneas: Zapata es un poeta peruano que debería ser mucho más leído por su frescura y la calidad humana de su lenguaje. Exagerando un poco, me atrevería a decir que a la poesía de Zapata le queda muy bien el famoso título del libro de Vallejo: *Poemas humanos*. Los mejores poemas de Zapata, en su ligereza, son muy humanos, son los poemas del hombre sencillo, del hombre de la pequeña casa, del hombre de la calle, del hombre que se equivoca, del hombre que quiere a su familia y siempre tiene ganas de vivir.

Víctor Manuel Mendiola

A Casandra Iris Zapata

Pinto tal como escribo. Para hallar, para volver a hallarme, para hallar mi propio bien al que poseía sin saberlo. Para obtener la sorpresa y al mismo tiempo el placer de reconocerlo. Para hacer o ver aparecer cierta indefinición, cierta aura, allí donde otros quieren o ven lo lleno.

Henri Michaux

¡Cuán poco tiempo he vivido! Mi nacimiento es tan reciente, que no hay unidad de medida para contar mi edad. ¡Si acabo de nacer! ¡Si aún no he vivido todavía! Señores: soy tan pequeñito, que el día apenas cabe en mí.

César Vallejo

Déjame morder largo rato tus trenzas negras y pesadas. Cuando mordisqueo tus cabellos, rebeldes y elásticos, me parece que devoro recuerdos.

Charles Baudelaire

POÉTICA EN PROSA

El poema en prosa es como jugar un partido de tenis en una cancha de arcilla: el cielo limpio, el espacio amplio e incoherente, la luz desnivelada, y un apetito voraz por lo inesperado. Nadie sabe quién gana o pierde. El poema en prosa avanza contra la corriente, y permite que los encabalgamientos sean más sensualmente prolongados como un orgasmo interminable. La vida se vuelve leve como debe ser. El ritmo interior del poema le sale al encuentro a la sangre, y penetra esa agitación que es como el oído que escucha en silencio y no dice nada.

Por eso, cuando no juego tenis, escribo en verso. Y cuando paseo en bicicleta el dominio es mayor, ya que uno escucha las ondas de la calle, el decir de los árboles que te atrapan en el cielo de alguna nueva ensoñación.

La música tiene mucho que ver con la arquitectura del poema en prosa. Pienso que Elgar o Bach escribían poemas en prosa con sus instrumentos de viento o de cuerda o tal vez el clavicordio les producía una sordera dulce. Las sonatas de Bach no tienen duración exacta, sus movimientos y cambios tonales llegan como lluvia precipitada a torcerte el corazón.

Yo quise ser pintor y crear un universo personal de mis inquietudes y deseos. Aun cuando no funcionó mi relación con la pintura a nivel de practicante, sí despertó en mí una atracción perdurable por ella. También, creo que el hecho de tocar algunos instrumentos de percusión (como el Cajón peruano, por ejemplo) me hace pensar el poema como una pieza musical con muchas *variaciones*. Escribo poesía caminando, también tocando con mis dedos en el aire alguna melodía.

El poema en prosa debe guardar un ritmo interior permanente, el cual funciona sin un estudio previo sobre el tema. Se trata solo de tener buen oído. Es un desierto lleno de dunas y tormentas que llegan de súbito para atacarte dulcemente. Es el caso del *Cajón,* el cual para tocarlo es necesario tener "buen oído", y destreza en los dedos y la palma de la mano. Por supuesto, el oído guía tus manos y tus dedos en la madera, y de esta forma puedes sentir la vibración en tu corazón. Fernando Pessoa escribió algo esencial al respecto: "Pienso con los ojos y con los oídos/ y con las manos y los pies/ y con la nariz y con la boca. / Pensar en una flor es verla y olerla/ y comerse un fruto es entender el sentido" El verdadero sentido de la poesía es su música, la flor que guarda en el oído del poeta, la entonación de las sílabas escritas precisamente para crear una *emoción* en el lector. La música primero, enseguida las palabras.

El poema en prosa es un desierto lleno de dunas: el concierto que me hace bailar sobre la arena movediza de la poesía. El signo aparece bajo el cielo caliente y a veces te frota ligeramente las piernas. La planicie de la escritura se torna más amplia: tu pensamiento puede volar como las aves o como los cohetes, libre como dos hermosas piernas de mujer en la ciudad. No hay medida ni *metro* que te pare.

El mundo está lleno de señales, reglas y medidas. Todo está prohibido. Estamos en contra de todas esas reglas inútiles, de todo encierro y control. El poema en prosa derriba muros enormes y abre todas las ventanas frescas de la poesía. Trae una nueva música al silencio. Nosotros nos hallamos más allá de los reinos y sus reyes, más allá de la opresión y el destierro: remamos alegremente contra la corriente.

Escribo influenciado por la naturaleza, alguna ventana que me deja ver el cielo, o el mar incrustado en mi mesa de trabajo. Al final, la poesía es un calmante para la duda, es el arte del sol en el cielo, y el oro de una nube que enrojece el horizonte. Por eso escribo caminando como un cazador que pasa inadvertido. Abro de par en par la tarde humeante y el aguacero veraniego que va creando relámpagos en mis ojos. Por eso escribo como un ladrón de flores, mientras se oye el grito de una garza en lo hondo de lo oscuro.

Franklin Square, Nueva York, Junio, 2019

I

Campus

Naturalmente no sé qué hago aquí empapado cerca de la universidad (atravesada por un arroyo) con los paraguas desfilando sobre cabelleras indistinguibles y exhaustas como pingüinos urbanos dando saltos en inglés. Pero la verdad es que algunas muchachas se ven mejor empapadas de lluvia, transformadas en esculturas de agua listas para ser navegadas

No sé qué más pensar sobre este charco de agua y lodo donde la lluvia me emborracha hasta escribir

(1983)

Los muslos sobre la grama

Escribo por la muchacha que vi correr esta mañana por el cementerio, la que trotaba ágilmente sobre los muertos. Ella corría y su cuerpo era una pluma de ave que se mecía contra la muerte. Entonces dije que en este reino el deporte no era bueno sólo para la alegría del corazón sino también para el orgasmo de la vista. Al verla correr con sus pequeños shorts transparentes deduje que los cementerios no tenían por qué ser tristes, el galope acompasado de la chica daba otra perspectiva al paisaje: el sol adquiría un tono rojizo, su luz tenue se clavaba dando vida a la piel, los mausoleos brillaban con su cabellera de oro, y volví a pensar que la muerte no era un tema de lágrimas sino más bien de gozo cuando la vida continuaba vibrando con los muslos sobre la grama.

Ensayo sobre la rosa

1

Busco siempre rosas raras para mis floreros de barro. Rosas que borren la tinta gris y los colores exagerados del cielo. Rosas que no lloren pero que sientan el vacío de los largos patios de la memoria, las puertas que se han cerrado y esperan una mano para volver a vivir. La lluvia nos moja sin saberlo, y la rosa piensa que tiene voz de oro, no sabe que es sonido de una silaba incolora.

2

Los mirlos le carcomen su pecho colorado y siente un dulce dolor inexplicable. La rosa de la ciudad es distinta a la rosa del campo. Una es mundana y le gusta la noche, los avisos luminosos y la gente que la mira con prisa. La otra es como la tinta verde de los geranios y conoce el cielo como su propia muerte. Por eso tal vez siempre busco rosas raras para mis floreros de arcilla: rosas más calladas, menos presuntuosas, rosas de bosque o de patio privado.

3

En una época fui repartidor de rosas. Llevaba belleza a las casas. Alegraba los corazones de la gente, y muchas veces vi prenderse las ilusiones tras las puertas y las ventanas. Algunas veces llevé rosas a los cementerios donde la muerte se confundía con la hermosura de la hierba. También traje rosas en floreros de barro, tal vez por eso me atraigan tanto las macetas, los tulipanes y los pistilos de Georgia.

4

Mi madre es una rosa llena de ríos. Hermosa curiosidad su piel: una perfecta combinación de canela con miel, solo comparable con los interminables campos de Chulucanas. Mi madre es una rosa de noventaiseis pétalos bien dispuestos por el algarrobo y el mango. Cada espacio en su lugar: la voz que entona canciones del novecientos y el corazón abierto como una manzana. Es la rosa más bella de mi jardín.

5

En otra época coleccioné una exquisita variedad de rosas. Mis hijas fueron las rosas más bellas de California. Las rosas no caen ni se mueren, en cambio, se levantan como un roble cuando quieren, son el sol y la sombra de cada día: la trenza de las niñas, el sol del ingrato azar.

6

A veces pienso en la rosa de Blake y su gozo carmesí, o en los mares interiores de la rosa de Rilke y sus cámaras ardientes respirando el orificio de una tarde vana. Aquí mi lámpara de hierro no sofoca mis inquietudes, ni la ceniza ni la piedra estropea mi fe. Más allá de todo están las rosas bermejas de Milton y de Borges rozándoles la cara mientras miran un cuadro del Bosco. Después de todo el camino es la piedra o la ceniza.

El florero nos suplica: *déjame ver la ceniza, después la rosa.*

LA VENTANA

Voy a construir una ventana en medio de la calle para no sentirme solo. Plantaré un árbol en medio de la calle, y crecerá ante el asombro de los paseantes: criaré pájaros que nunca volarán a otros árboles, y se quedarán a cantar ahí en medio del ruido y la indiferencia. Crecerá un océano en la ventana. Pero esta vez no me aburriré de sus mares, y las gaviotas volverán a volar en círculos sobre mi cabeza. Habrá una cama y un sofá debajo de los árboles para que descanse la lumbre de sus olas.

Voy a construir una ventana en medio de la calle para no sentirme solo. Así podré ver el cielo y la gente que pasa sin hablarme, y aquellos buitres de la muerte que vuelan sin poder sacarme el corazón. Esta ventana alumbrará mi soledad. Podría inclusive abrir otra en medio del mar, y solo vería el horizonte como una luciérnaga con sus alas de cristal. El mundo quedaría lejos al otro lado de la arena, allá donde vive la soledad y la memoria. De cualquier manera es inevitable que construya una ventana, y sobre todo ahora que ya no escribo ni salgo a caminar como antes bajo los pinos del desierto, aun cuando este día parece propicio para descubrir los terrenos insondables.

Voy a construir una ventana en medio de la calle. Vaya absurdo, me dirán, una ventana para que la gente pase y te mire como si fueras un demente que quiere ver el cielo y una vela encendida detrás de la cortina. Baudelaire tenía razón: el que mira desde afuera a través de una ventana abierta no ve tanto como el que mira una ventana cerrada. Por eso he cerrado mis ventanas y he salido a la calle corriendo para no verme alumbrado por la sombra.

AMOR DE PASO

Penetrarte como al agua la penetran los delfines sin herirla sin dejar evidencia que no he naufragado por buscarte por perseguirte entre los bares y las luces de la ciudad para llenarte de besos aunque siempre supe que te dejaría como se deja un país o una plaza sin flores que cortar

Liebeslied
(Fritz Kreisler acompañando los poemas)

No son mis ojos los que atemorizan ni mis zapatos los que chillan en la lluvia, son esas cosas tranquilas de la sangre que salen desde adentro como una sonata para conocerte: son los asombros de los grillos en el bosque, la luna que vuelve a alumbrar con otro rostro mis huertos cerrados: de pronto los viejos poetas han salido a ver el frescor de la brisa, mírenlos bailar bajo la lluvia fina las alucinaciones del mundo, todas las cuerdas en movimiento redondeando las piezas, las cadenzas que recubren el poema: uno, dos, tres, el ritmo se alitera, el papel se alitera. La ley sagrada, la música primero, en seguida las palabras.

Tragaluz

Entonces, ¿cuál será el rumbo del poema?

Hojas semidormidas sobre la piel y el viento seco que agota la memoria, nombrar otra vez, repetir las mismas palabras sin terminar: este poema es el otro, la misma hoja, el campo del corazón abriéndosete ante el dilema.

¿Quién se queda con el gozo?

Allí una vez más las palabras oteando la tierra y medio mundo tras ellas. Yo solito, tras los arbustos verdes, las espero inocentes en mi papel. Hacer un poema es como un burdel lleno de colores, de luces de piel que ciegas te persiguen. La tentación está en el llamado: dormir o perecer: he ahí el tedio que ensombrece los cantos.

Ya no espero más dormido en la gran ciudad, despierto en mi cabaña al lado del mar, salgo y atrapo —aunque el vino solo sirva para espantarlas hacia el infierno. Los demonios peludos del silencio despiertan la apatía, y cuando ya estás en la jungla, la música, la vieja música te reabre el pecho y se prenden las recíprocas fogatas, y las posees, y las penetras hasta ese final que nunca se termina.

Picnic

En el aire tu acento y la blusa transparente que dibuja las aureolas que voy a coronar: nadie ve nadie oye sobre el césped de verano las frutas en nuestras bocas, el plátano erguido, los duraznos en tus mejillas, deliciosos besos que no se aguantan ante la dureza de tus piernas, una lengua que te recorre, las hormigas que se satisfacen.

Tenis

Al aire libre la suerte no tiene nada que ver con las zapatillas blancas o el cabello esponjoso o el tipo de sol que te alumbre las piernas: hembra o macho solo habrás de sobrevivir con el empeño de enterrar a tu enemigo bajo el sol. Al aire libre: levantar la raqueta y volar hacia las mallas, olvidar el poema, asaz, tenaz hacia la vida, hacia la muerte del contrincante. Al aire libre, la distancia, el ojo clínico, la frustración como en todas las otras cosas.

Cancha de arcilla
(Visión de Gabriela Sabatini)

Vean cómo se le ve a ella toda de blanco en la cancha de tenis, largos muslos y la transparencia del sol sobre su piel tostada entre sus ojos verdes. Vean cómo gira la felina, cómo ataca, son imán sus brazos, belleza total su merodeo.

Hoy día avanza como salmón la poesía

Se ha movido algo en el agua.

¿Dónde están la higuera y el sonido del mar limpiando las asperezas, el moho de la tarde y las palmeras desde mi ventana? Hemos cruzado las fronteras, herido a los venados, cambiado de idioma, perdóname Miguel Ángel: hemos rasgado el cielo sin quererlo y mi casa, la otra, la nuestra, ya no existe: han cerrado sus puertas, la han mutilado como a una prisionera de guerra, le quitaron el corazón y su placita para estar.

La historia se repite, pero no ha caído nuestro imperio: aún tenemos las frazadas bordadas por Carmen María, el pan de oro de Santa Rosa colgado en la pared, los retablos de Navidad llenos de colores.

Yo tuve una casa hube de decir, una familia, y alardear que soy el número trece: el número de la buena suerte diría contra los supersticiosos, pero nada cambia y uno vuelve a ser el mismo juguetón bajo otros cielos, y sobre nuevas calles los cuerpos fugaces desaparecen entre parasoles imaginarios, y uno es otro: el mismo.

Ciertamente los recuerdos tienen sus trampas y sus mañas como todas las cosas; por ejemplo, nunca estuve acostumbrado a las fuertes lluvias ni a este tipo de sol que te derrite la piel, pero aquí voy nombrándolo y oliéndolo todo, palpando con los ojos, profano hoy día que avanza como salmón la poesía.

Nuestro pobre árbol desnudo y seco

Al lado de mi casa (la vieja villa) con un manzano elevado detrás de un gran muro (que no es nuestro), alumbra mi oscuro patio cerca de mi cuarto y deja un tono de luz en los días en que ni un solo pájaro se posa en las ramas de nuestro pobre árbol desnudo y seco.

Al lado de mi casa el ruido de otra música y otra lengua lejana. Ni una sola alma en las calles que te indique algo, ni un solo saludo de los que solías dar a tus vecinos al otro lado del mar. Y el sur se te pierde en la memoria. Adentro de la casa, cuando llega la noche, una deslumbrante mujer prepara los platillos como en los viejos tiempos: la cebolla fina para el lomo saltado, arroz y un toque de ají para la alegría de la lengua. Y el pan (sagrado alimento desde que recuerden los santos), y Analí con su helado de vainilla y los puntos de chocolate. Entonces ya no importan ni las cartas ni los pájaros ausentes (la tristeza de mi pobre árbol) solo la inocencia.

No importa tampoco el invierno que molesta y te revienta los pulmones y pone tus zapatos náufragos de otros mares, cuando nosotros en el tibio hogar, prendido el fuego y servido el tinto, apagamos las luces todos abrigaditos, y en la inmensa noche nos perdemos entre las sábanas a esperar y esperar a que otra tibia mañana nos habite.

Mi canario belga y su sonata inconclusa

A mí háblenme de canarios, pero de los cantores de largo pico y cuello de flauta dulce, no del nuestro, el silencioso que solo salta y apacigua la claridad. Mi canario es el que me tiene triste este verano, pues ya no alegra a mi pequeña hija desde la última primavera en que decidió callar sus himnos para siempre: ahora en cambio se mira en su espejo todo el santo día, con sol o con lluvia, a él ya no lo emociona ni la belleza natural. De buena gana lo dejaría huir por los aires, pero temo que se me pierda por el mundo, el pobre mimado no sabe nada de pájaros callejeros, ni de vientos fuertes, ni cómo cruzar océanos y ciudades sin morir; o conquistar una canaria en los árboles inmensos. Este es su hogar a pesar de todo, y aquí permanecerá por años alegrando la sala con su silencio, refrescándose con sus baños en su pileta verde: el agua y el chapoteo del delirio, agua de oro en aleteo de segundos.

Y ahora que estoy solo lo observo largamente, siento sus movimientos y quiero volar en busca de otra claridad, tal vez en otras tierras terminemos nuestras sonatas inconclusas. Nos parecemos. A veces nos callamos y otro es el mundo de los cuentos de hadas. La palabra y el canto, inseparables. Solo quiero pensar que volverá a cantar uno de estos días, en esta por ahora su casa, su albergue que lo espera.

LA DUDA DE NO DECIR NADA

Y entre otros tantos sueños la duda envenenando tus más preciadas fantasías, contra la pared, puro o impuro, tu palabra le sale al encuentro a la sangre, y enfrentas la duda de no decir nada, cerrar los oídos y recoger las nueces de los campos y escuchar un chelo abajito de un álamo. Entonces vienen las ideas y vuelves a escuchar el chelo abrazado a tu cuerpo con el rumor de las aguas, y así oyes el galopar de los venados, el silbido de los sauces, tu propia voz trepando las tapias de tu garganta.

II

ESCRIBO EN LA VENTANA

Escribo en la ventana mirando la luna de mi cuervo. El mar acorazado sin gaviotas, maloliente aún se balancea entre sus olas. Aquí no hay mar: sólo residuos de nieve sucia pisoteada por los carros. La nieve cubre esta ciudad blanca sin sillar. Los astros patinan con el frío y yo camino con la luna entre la nieve y me siento cerca. Subo la Montaña y veo el cielo del texto inspirado en el hielo de la sombra. Todo el paisaje se derrite en mi ventana. El día comienza otra vez y el fuego vuelve. Más leña y el jolgorio de los niños: nunca pensé que el fuego hiciera tan feliz a los niños. Es la lumbre que nos llama a bailar sin zapatos sobre la madera. Así con cuidado escribo mis corales en el patio de la casa: ahí donde descansaba mi pobre árbol desnudo y seco.

Apuntes para un loro que no conoce tristeza

Para mi hija Analí

El loro me mira desde su jaula y no me habla, parece que ya conoce la felicidad. No sé quién está adentro ni quién está afuera: él gira su cuello y mira hacia arriba, su cielo es un árbol seco desde donde se descuelga la primavera. Este loro sabe empuñar el aire con sus alas, y aun cuando presiente que no puede volar como quisiera, me mira y no me dice nada. A veces baila con su cuerpo ligero, se mece con el sol que cae a través del árbol que lo mira suspendido en el espacio de la jaula. Como la mariposa que no conoce tristeza, el loro construye un modo de vida ideal para que los geranios silben en la mañana: él sabe silbar y no me habla por algún motivo que desconozco. Es prestidigitador del silencio, y sabe estar callado como la poesía.

Morada de la voz

A Pepe Durand

1

El sol alumbra la ciudad y el cielo cae a lo lejos con las cometas de los niños. Es cuando salgo a caminar por las calles y me pierdo entre los inmensos árboles de Woodland. Me protejo con un pequeño paraguas de las briznas del otoño, y llevo chaqueta azul y zapatillas de tenis. Estas brisas te pueden hacer escribir poemas que reproduces en la pantalla de tu mente, y aparecen y desaparecen en una o dos cuadras como espejismos verdes. Por eso trato de en tender la caligrafía de las hojas regadas por los suelos, la placidez de los robles que vigilan las casas y dan sombra a los viandantes que en los días de sol salen a vivir al aire libre. Pero todos huimos cuando el sol no tiene conmiseración de nadie e incendia todas las calles durante los veranos que son de fuego por estar muy lejos de las tibias aguas del Pacífico.

2

Salgo a caminar diariamente por estas anchas calles para olvidarme de todo y de nada, solo para sentir el sol otoñal sobre la piel, ese solcito que no lastima los sueños ni los poemas que se te presentan en fila por los aires, los ves ya construidos en el papel sin ninguna coma como edificios llenos de ventanales, y toda la gente mirando desde el vacío su altura y su andamiaje sin poder entender la arquitectura, los ladrillos, los adobes lentos que levantaron el poema. Caminas para volar y sentirte solo en un país desconocido donde el idioma sacude sus ramas en el otoño, para que puedas leer sus hojas amarillas por el tiempo. Para que entiendas que las temporadas son sabias mensajeras del poema, y que tu vieja ciudad no tenía otoño ni te fue propicio escribir ya que las palabras se entrecortaron y la emoción se perdió entre la niebla espesa y sus abismos, entre los malecones donde creciste amando el idioma que escondía su luz.

3

Hoy sales a ser ave. Toda la tarde has estado leyendo poemas de Roethke, maquinando el pensamiento que deseas escribir sobre sus vuelos, los poemas que quisieras escribir como él para satisfacerte, colmarte con la benigna y sana envidia, ahora que esta delgada tranquilidad te fascina y puedes leer las hojas de la calle, limpiar tu jardín y prender el fuego de la casa, reír con las niñas y ser el rinoceronte feliz, rey de toda la jungla. Por eso sales a caminar cada día para que los árboles comprendan tu silencio, el ocio que da frutos en este continuo movimiento, dando saltos ágiles contra el viento que mece al mundo, imaginando la dulzura del amor bajo los ficus, comiendo una manzana en cada interludio de besos.

4

Salgo alado a sobrevolar la ciudad. Eres el pájaro chismoso que otea las tiendas y los parasoles de los bares, los bosques de gente agolpándose ante la novedad del día. Desde arriba brillan los edificios, una fosa verde se siente al amanecer, en todos los polos crecen las ramas enormes recubriendo el paisaje. Entonces piensas en los elevados pinos de Tahoe y la apacible sensualidad de Albinoni que tanto te hacía llorar de alegría, y puedes ver nuevamente a los venados desfilando con sus cornamentas en alto, todos bajo el cielo todopoderoso, todos pisando las hojas amarillas del sol, el sol que es tu sol, con todos los árboles empeñados, empecinados en darnos consuelo eterno.

5

¿Cómo cerrar el día sin haber escrito una letra? ¿Cómo re tirarse a dormir si la pluma de ave reclama su vuelo cuando todos duermen? Solo basta oír el aire que silba para borrar el ritmo de lo narrado, dejar salir al alma y el espíritu a recoger los lirios, las huellas de las sombras que cubren la visión del gallo en la madrugada, bailar en el Oráculo y ser esclavo de tus propios hechizos, pez henchido que sale a flote una y otra vez cuando el sol alumbra la ciudad, y sales en busca de la respuesta que te aprisiona y que encuentras en la calle, cuando estas lluvias precipitadas te muestran la morada de la voz.

Prosas de un tren nocturno a Luxemburgo

Para Jorge Valdivia Carrasco

1

Escuchamos la hierba sensual como un cuerpo oliendo su naturaleza, alucinamos bajo los puentes las burbujas de la nieve, volamos con esquíes y doradas cabelleras cuesta abajo. Paseamos con la paciencia del búho, como si fuera nuestra última noche desnudos en la carretera, entre autos que enceguecían la oscuridad, reflejos sonámbulos fisgoneando en el camino.

2

Fuimos el amanecer: un arco iris partiendo la ciudad.

3

Nos fuimos a Francia muy alegres. Jorge pintó para nosotros un tren lleno de aves volando por los vagones sin caerse: medio tono de luz que entraba por la ventana y alteraba la perspectiva del sol. Con la mirada recorrimos pueblos enteros, nos bebimos los humores, las vitrinas atestadas, las medias de nylon y sus olores. Nadie quiso ser borrado de la historia de Luxemburgo. Creímos en la permanencia de la memoria, en la muerte de la transitoriedad. Nadie imaginó que el gran Muro sería derribado, ni que el mundo sería una ola incontenible en toda Europa.

4

Anduvimos borrachos delirando el mundo, escapando de cada tren que quisiera socorrernos para devolvernos a la vida natural de los animales que pastan en las ciudades.

5

Así dejamos a las alemanas muertas de frío buscando el sol infinito de Barcelona. El mundo comenzaba en el mar Mediterráneo, el horizonte era el ala que suspendía los veleros. En la Baixada de Sta. Eulalia el imperio romano fenecido alumbraba los rumores del agua. Unas cuantas ideas se escucharon en la fuente: desde aquella vez descansan en silencio los deseos de los locos.

6

Entonces al caer la tarde Barcelona fue un rayo de luz, la mejor marea de toda España. El largo poema brotaba guiado por las aguas del Mediterráneo en todo lo ancho de la Rambla del Moro. Flores entregamos a cada chica que nos deseaba con la mirada, rosas y besos para los barcos que partían a Marruecos.

7

¿Qué más se puede hacer con el poder de la lengua?: en el poema se desata y se contiene armoniosa como el agua. En el guijarro que reposa en la arena, tal vez la señal nos sea dada: encontrar la respuesta de la armonía corriendo con el agua, la respuesta de un mundo que se agazapa y cubre de aceite todos los mares.

8

Una palabra derrite todo recuerdo: iremos al refugio de la voz entonada sin tiempo, a quedarnos a esperar un guiño de la luz de los muertos.

9

Aún escuchamos los pasos de la luna de Frankfurt, la cerveza derramada sobre los cuerpos, su eco nos persigue como una tonada del Brandemburgo.

Barcelona, Santa Bárbara, Woodland, marzo, 1990.

Después de leer a Theodore Roethke

A Carlos Germán Belli

La garza jorobada sacude su presa sobre la arena. El cormorán se sumerge bajo las aguas como una bruja negra que teme a la tormenta. El cielo despejado es propicio para el vuelo: ha llegado la hora de ascender a las alturas, ser el ave fénix contra los negros nubarrones: la hora de desatar el cuerpo al aire azul y fino para sobrevolar las orillas llenas de pájaros, y posarse sobre un alto risco a retener la infinitud del orbe. La garza jorobada levanta el vuelo, a corretear se ha ido tras el sol. El sol y todo lo que podemos ser en los campos abiertos, donde el espíritu es un ala de paloma, el canto de la primera luna.

El aire

A Robert Bly

Bienaventurado el canto que viene del aire articulado, el laúd que recoge las sílabas del alma y las dispone para nosotros sobre los campos.

De ahí a cosechar la selva, en el mar o en la ciudad la pupila de la voz como un oboe enamorado. Sin la música el aire no calienta, no circula el agua en su centro, el cristal no se ve en la fuente.

Bienaventurado el canto del sinsonte, los globos de los niños en un día de sol cayendo libremente por las plazuelas, los veleros se pierden tras las olas se marchan, nunca dejan huella sobre la arena.

ALHUCEMAS PARA WILLIAM CARLOS WILLIAMS

El olor a limpio a través de la ventana, alhucemas sahumando el paisaje de la casa, golpes de máquina dando forma al poema de los yates, al mundo que rebota exhausto en la flor del sahumerio. Al sonar las campanas, las aguas verdes flotan y entra un olor a limpieza por la ventana, las ideas con el salmo de los dioses: flores amarillas cambiadas por cortinas blancas, el sol que se opaca en la tarde, la jarra de cristal donde leo estos versos luego de alumbrar un nuevo niño: el temor de caer con el mundo, me refugio en las hojas de los pobres, en los hospitales solitarios, en tu cintura, tus rodillas, en la hierba que crece hasta tus tobillos.

Renacimiento

Y se hace realidad la leyenda de Orfeo: adormezco a las fieras con mi cítara y ablando el corazón de mis enemigos.

San Francisco de Asís afinaba el oído para entender el diálogo de las aves.

Muero por ver caer el agua y su fidelidad con la luz: única armonía de la naturaleza.

Ahora que ardemos en estas arenas del verano más caliente, veo los siglos que se vuelven con el mar atraídos por música de sirenas.

Las aves cambiaban sus cantos cuando adivinaban que alguien en silencio las oía.

Y se hace realidad lo que no se dice, acabados los temores, escuchamos la sombra de la luna que nos persigue en la carretera, sombra de cuervo asustado del amanecer, sonámbulo rayo detenido por la lluvia: ya es verano.

Todos ardemos en el horizonte del desierto. Mis enemigos piden mi cabeza y se las entrego fresca sobre la arena. Mi cítara canta sola entre los sueños, contra el miedo se me levantan los arcoíris.

En clave numérica volaban las aves al otro lado del mar: el sueño había por fin terminado.

Caminando por el muelle de Santa Bárbara

Para Álvaro Mutis

Hoy regreso al pozo de mi aldea que es más fresco que la luna, vuelvo a mi selva a medir su follaje submarino, al tibio aire de mis valles. Dejo atrás los montes de plata y sus ángeles condenados en las torres de neón. Me voy, dejo por un tiempo los altos rascacielos y sus vuelos fantasmales: el cielo que busco es más azul que esta ciudad hundida en el silencio, mis estrellas son más dulces que estas voces penando en la universidad. A toda vela recojo mis pertenencias, dibujo la bahía y las últimas gaviotas que vinieron a despedirse con sus alas. Todo queda escrito en los vaivenes de la fuente en el centro comercial más caro del mundo. Pobrecitos los árboles que descuelgan sus ramas al compás del viento silbón. Mi nuevo mundo necesita un nuevo firmamento, otro esplendor, otro cristal, otra mujer de ojos grandes, otra luna que nos alumbre desnudos sobre la arena. Me voy para no volver a escribir sobre la metáfora del espejo: mis espejos se mueren de aburridos en un rincón de la casa.

Me voy a ser otro, el que se sublevó ante los edificios de Manhattan mientras el hielo caía de los cielos. Hoy regreso a mi pozo, a la letra que se tuerce con el viento, a la brisa que es el signo de mi playa. El crepúsculo se llena de ángeles aquí en el muelle. Por la arena blanca camino escuchando el último concierto de Camille Saint Saëns para violín, cuando veo siete estrellas, siete susurros, siete encantos en el cielo. Son siete cielos juntos que me cantan y me mecen, siete océanos que hoy naufragan en mis navíos, cuando me revuelco sobre la arena para ser polvo marino, sólo bosquejo de una sílaba salada.

Santa Bárbara, junio–diciembre, 1989

III

Los gansos de Island Trees

Los gansos huraños han tomado posesión del cielo para reencontrarse con la vida. Su cielo es una pintura abierta donde predomina el azul y el naranja. No hay manera de describir su vuelo, parece que escribieran sobre las nubes el gozo de un cuadro. Mi hijo los saluda desde su bicicleta.

Los bosques sólo escuchan sus largos manantiales, las flores silvestres piensan en el nuevo cielo de los gansos. Los vecinos que no entienden su destierro dicen que están destruyendo los jardines y los parques.

Los gansos alegres conocen mejor que nadie el ritmo de las estaciones y las delicias de las nubes. Aterrizan perfectamente sobre el campo abierto del colegio detrás de mi casa, y ahí acampan mientras aguardan que los vientos les den la señal esperada para partir.

De lejos y de cerca parecen impenetrables. Aquí abajo los niños miran sorprendidos la perfecta hilera volando por el cielo, mientras mi hijo y yo pensamos que estas aves acabarán definitivamente por adoptarnos.

Los canales de piedra

Vine a Venecia a ver a Marco Polo pero su casa estaba cerrada. El segundo piso lo vi desde una góndola y le tomé una foto a los geranios de su balcón. El agua del canal es de un verde raro, tal vez sea una combinación del tiempo, los vientos, y la tenue luz de sus callejones de piedra. Vivaldi aquella noche estaba dando sus clases a las niñas del coro. Corelli fue su invitado de honor. Después de uno de sus conciertos del cura rojo nos fuimos a la plaza San Marcos a beber vino en El Florián. Marco me decía que no permaneciera por mucho tiempo en ninguna parte del mundo.

El mundo es como la plaza de San Marcos, murmuraba, hay que cruzarla miles de veces para que puedas ver las verdaderas aguas del tiempo. Al otro lado de la plaza está la vida escondida con el vino derramado por la muerte. Venecia es nuestra solo por esta noche: después hay que abandonarla como a las mujeres de Rialto. Siempre hay algo extraño y hermoso en los geranios púrpuras del Mundo.

Yo solo escribo lo que veo, por eso camino. Sigamos hacia la cumbre para ver los canales desde el cielo de la noche. Después pasemos a la Basílica a poner unas velas a mi madre: ella está viva, tiene la memoria de los ríos. A veces imagino ciudades, como tú, una ciudad dentro de otra, una plaza es mejor que todos los rascacielos del mundo. San Marcos es mi plaza, mi vida, o sea como las alas de las palomas.

Esta noche no daré clases a las niñas del coro en el Hospicio de la Piedad dijo el cura rojo. Entonces, Marco, veloz como de costumbre nos dijo: naveguemos mejor por los cuatro ríos sagrados esta noche. Busquemos el pecado, pidamos perdón a los cielos por no habernos bebido todo el vino y amado a todas las mujeres de Venecia.

Venecia, 17 de julio, 2007

LA LUNA DE MI PERRO

Parece que finalmente llegará la lluvia: mi perro observa atento como viene creciendo la luna por detrás de los cerros. La luna se cuelga del pino más alto del jardín y nos mira con envidia. Mi perro ladra y quiere tocar el cristal de su lengua. Yo la miro mientras escribo algo sobre las nubes que recubren su cabellera de cobre. La luna habla como niña. Según ella está cansada de los poetas que le han dedicado cantos rimados sin sentido: por eso prefiere hablar con mi perro. Pero si yo nunca lloro ni me emociono, me dice. Habito allá lejos esperando la luz de otras estrellas para seguir viviendo. Por eso estoy aquí levitando sobre este gran árbol para llevarme su lumbre al cielo. Antes de irme quisiera cantar con tu perro la luna de tu niñez. Cuando la lluvia llega la luna aparenta que no llora. De pronto cambia el tono del paisaje, las astillas de la luna se clavan en la ventana que da a la sala, el árbol alumbra el patio sin hojas, y los geranios cambian el color del cielo.

El patio de Franklin Square

I

Apoyado en lo invisible el dolor es un chorro de agua fresca en tu corazón. El vacío derrotado y la herrumbre del vino refulgen con el agua alterada por la lluvia. Nada se ha escrito aun sobre el cielo de este patio. Todo es solo un intento de las esferas por describirlo, señales de humo para el destello de la oración. Hay una luz natural en su sosiego, destino que se vuelve elevación. El cielo rojo dialoga con la sombra de los pájaros. Después de llover la luna llena es un crucigrama de sorpresas.

II

Vivimos en un patio con cinco pinos, un rosal púrpura, sombrilla celeste, setenta pájaros, cinco palomas, un gavilán y el conejo de la fuente. En este patio las palabras se hacen agua y los labios remendados balbucean. El patio es el paraíso de mi bicicleta. Aquí la estaciono y puedo sentir sus ruedas volar entre los pinos. Cada mañana desayunamos bajo un toldo pardo y una mesa de acero con sillas de verano. El café con crema y el pan caliente con mantequilla, la felicidad. Aquí renace el espejo anudado, el color del cielo al revés.

MI LORO HA MUERTO

Mi loro ha muerto en una clínica de Huntington. Su vida fue un milagro. Era la envidia de todos los pájaros del vecindario. Cantó durante cinco años una pieza de Boccherini y un par de rancheras mexicanas que se sabía de memoria. En sus días agitados silbaba a las muchachas que pasaban por la acera de mi casa.

Cuando estaba alegre, la casa era un jolgorio. Sus silbidos armoniosos contagiaban de alegría a los pericos envidiosos de la otra jaula. Yo mejor hubiese sido canario, me decía: la muerte es una canción de cuna bajo un tremendo álamo que nos protege. Al álamo le gusta su familia, y deja caer sus hojas como moneda ensangrentada. Es un cielo enorme desde donde se ven las cascadas, las alas de las aves que retornan a ver el agua del principio.

Hoy estoy triste. Mi loro era un pedazo de cielo en este mundo de miedo.

El cielo que me escribe

Cielo blanco sin polvo ni memoria. Cielo que limpia la visión del ave clavada sobre la arena. Cielo de algas y peñas en el moho: aire de ninguna flor, brisa de ningún árbol donde no se escribe el poema ni el diario de la muerte. Cielo mío que calla a tiempo el sonido del ave sobre la arena. Cielo mío que no escribe su visión por el ave ni la arena, sino por el moho y el alga que verdea el espejo ya disuelto.

La fuente

El viejo árbol se desnuda. Mi perro salta feliz sobre la hierba. Me dice que las palabras llegarán como los pájaros bajan a la fuente o se caerán con el follaje de nuestro viejo árbol. Tal vez esté en lo cierto. El jardín llega con la noche y la sonata espera el salvaje corazón. El sol descarga su fuego para que podamos vivir su ceguera. De pronto cuando la fuente canta el cuchillo del bosque la acecha y le trae ángeles embarrados de fango. Cierras los ojos y rellenas los vasos de humo como señal de sacrificio.

Mi cuervo levita

Cada día a las seis de la tarde mi cuervo levita encima de los pinos de mi calle. Es un pájaro urbano que camina por la noche cuando los temerosos duermen. Las palomas lo miran y no comprenden por qué es tan huraño. Lo envidian cuando vuela por los techos de mi vecindario tocando alegremente su tambora. Vuela como una campana de oro, y sabe que brilla, aunque no todos los buitres perciban su esplendor.

La octava estación de Babel

Ahora leo los cuadernos azules del vecino que soñaba con la ventana en medio de la calle y el tronco derretido sobre la nieve. Un buitre le picoteaba las botas. Durante largas noches vio al cuervo de escaso plumaje merodeando la estación del tren y las terrazas vacías de la ciudad. Y mientras el demonio atormentado moraba por el bosque, Franz escribía ante una lámpara y una campana sus sueños inviolables. Cómo podía saber Franz que el tronco era una columna de hielo clavada sobre la tierra blanca o que tal vez era la apariencia del sol sobre la octava estación de Babel.

Mi cuervo se desata

Yo aquí con mi pico curvo soy hermoso: me desea la cuerva blanca que vive en la nevada, mi negrura es divina y en la miel descansa con la blanca tinta que brota de su cueva rumorosa. Me persiguen los pájaros de churrigüera por no creer en su río de barro y de negrura: yo paseo campante por las siete esferas con la abeja de la flor de Liz. Aquí la superficie es curva como mi pico jovial, además, con estas alas avanzo hacia el boscaje de tu gran labio, para que otra vez me releas y te dilates, y vuelvas a chillar con mi voz de ave de la calle.

La iguana de Casandra

Para Casandra Iris

Presiento que extrañas los arenales del desierto. No eres feliz, aun cuando mi hija te pone en el árbol de nuestro patio para que te sientas en casa. En tu mirada veo las dunas y una luna parda volando con la arena. A veces pienso dejarte ir, pero no quiero ver triste a mi pequeña niña. Siempre recuerdo cuando te escapaste de tu tanque de cristal y luego te encontré meditando encima de mi ordenador: sorprendida mirabas mis palabras con luces y escuchabas las quenas de mi grabadora Quasar. Veo tus ojos plomos en los míos y pienso en el desierto: las dunas me atraen, sus líneas son femeninas, cada trazo es el pincel de un lenguaje sagrado que vive siglos bajo el sol. Así el mundo, la lengua, el poema que no quiero ya escribir. No sé si te compraré un tanque más grande, con algunos troncos elevados o te dejaré ir uno de estos días. Creo que morirías en este zoológico humano, además nadie te daría verduras ni lechugas frescas y calor. Ya quisiera volar al bosque de tu ensueño, dejar esta prisión de silencio y entrar en tus ojos plomizos para bailar en el desierto, donde alguna vez bailaremos desnudos bajo una tibia duna.

IV

Mi cuervo anacoreta

Mi cuervo brilla con el sol y nadie puede verlo como canario. Escribe con su pico la soledad de la noche y tamborea su cántico ante la gruta del agua que lo ve caer sin una letra. Mi cuervo es pájaro anacoreta, canario esculpido con carbón. El cuervo que se colaba por las alcobas es más vivo que loro verde repitiendo sílabas sin son. Mi cuervo brilla y brilla mejor que un cometa prendido en el cristal. Ya se posa en mis papeles cuando le hablo sin pensarlo, y cuando me mira es un aire emplumado, flauta de tinta que gotea mi envoltura.

Mi cuervo toca rabel

Con un lenguaje de locomotora y humo escribo el diario de la vida leve, entre ventalles de cedros deleitando el santo oído con el agua que envilece el oro. Mi cuervo anacoreta revolotea las esferas y toca el rabel sonoro anunciando su victoria ante la envidia y la mentira. Esta tarde disfruto del texto de las luces, aquella morada de azul inexplicable: escribo boca arriba sobre el pasto, sin mesa ni casa, deleitoso de la grey del firmamento. Cloro y más cloro, cristal de mil formas, rayos que rigen las estrellas y las ciudades entre puentes y pirámides con rascacielos sin fin. Todavía, la región luciente derrota al metal retorcido del fin de siglo. Aquí van las aves de regreso a sus lagos, las niñas corriendo con sus aros bajo el sol, los papeles amarillos cruzando la idea del fresno por la selva. Es verdad: no todo es selva, pero sí boscaje espeso que sale a la luz entre las ramas del árbol de la dicha, entre el barro sin salida. Difícil vivir solo de la hermosura, pero al mirar el espumoso mar con sus sirenas desnudas en la orilla, las largas piernas de las doncellas paseándose en el centro comercial, y otra vez el cielo que me escribe desde su desierto de rosas, vuelvo a pensar en la noche diabólica y pierdo mi alma en este escollo duro que turba las esferas de mi cuervo. Y escribo otra vez sobre los sauces y las catedrales rojas del jardín de los dioses. Escribo por Floralba, la llama de San Juan de la Cruz, por el hado del día, esta luz que retiene mi ordenador frente al pico más alto de Colorado, y así desde la grama florida van saliendo otra vez las esferas, y mi cuervo.

La lengua que yo quiero

Volver a caminar y el texto del cielo que te lee cuando la ciudad se apaga. Un arcoíris en el techo de la casa salva la mañana. La casa huele a ceniza de cielo: mis hijas tomando fotos a los siete colores mientras brotan los pomares. Así sobrevivo protegido por los siete rayos y aquellas nubes que festejan al Creador del todo y la nada: por eso escribo lo que el arcoíris me dice: desde mi ventana veo la nevada y escribo lo que la nieve querría, y escribo lo que veo y lo que quisiera, queriendo verlo todo como el agua sin aire.

La lluvia lila

El día comienza con la memoria. En el umbral de la ventana aún se siente el viejo polvo de los solares, el miedo de decidir si el mar es azul en el texto o lila la lluvia sobre los techos. A nadie le fue dado conocer su destino. La nieve cubre la ciudad y todo es blanco y brilla. Nada más importa: la sombra se disuelve en el umbral de mi ventana. Todo pasa por estos bordes y esta página de aire se balancea sin tino por la superficie quemada.

EL ESPACIO DEL POEMA ES UN RÍO

El espacio del poema es un río, un bosque de venados mirándome escribir con la humedad. El río huele mi desnudez y el agua arde. Entra un aire de mar hacia mi cuarto y despierto. Después de las briznas de nieve las palabras se congelan en la garganta: hay truenos. Bailo y la voz me tiembla ante el silencio de los álamos. Toco mi cítara en este santuario donde lavamos las heridas y nos adoramos sobre la hierba. El pincel da la idea al deseo: leo Paul Klee y sus rosas de plata penetran la ventana. Su cuerpo recién salido de la ducha se desdobla bajo las cuerdas de un chelo. Escribo el rumor de su cuerpo refrescándose en el agua. La veo salir desnuda con sus muslos firmes, y sus piernas me sugieren besos en el pozo de la dicha. El cuerpo mutilado del río recorta las visiones y su cuerpo en la arena es la transgresión de la luna. Me siento satisfecho porque aquí la nieve desaparece con el sol de la montaña. La montaña me guía hasta el ancho río y escribo otra vez la señal que desaparece en la ventana.

Coros

El silencio es una raza solitaria que procura su razón de ser en la campana. Si todo el cielo fuera una campana, nunca estaría en casa mirando los duendes del ropero: estaría quizás como el marfil en su selva de mil árboles, o rodeado de arpas escuchando el coro de los santos cosmógrafos, allá arriba, donde la luz de mi cuervo cantor aletea y conmueve mis esferas.

v

La hora del poema

Es la hora del poema: ves la primera letra en el paisaje, abres la ventana y ahí la morada del cielo. Es el día en que revienta la luna y la alhucema sahúma las paredes de la casa. Y ahora que estás abatido por la pasión sabes que en vano llegarán otros signos: el oboe del bosque ya se ha derramado en tus oídos. Es la hora del poema: la lengua baila jazz, tu saxofón se desata con la primera frase sensual y el mundo cambia para ti: un siglo de luces ascendiendo, tu alma en el vacío del río, el mar en el muelle con sus ángeles cantando los himnos de la Gloria. Todo lo ves en tanto sientes el leve pensamiento del mar. Es la hora del sacrificio, la hora de purgar todas las culpas. Escribes el poema; cualquier lugar es morada de cielo para el canto. Escribes el poema mientras las niñas dibujan en la sala y el canario canta con tu pluma excitada la llegada de las llamas. Tu hada de carne y hueso te sirve café con crema, un terroncito de azúcar y pastel de nueces: comes, saboreas y miras el humo ascender despacio por los ladrillos. El fuego no cesa de tranquilizarte. Entonces escribes el poema una y otra vez para satisfacerte, para ver un instrumento escribiéndose en la página olorosa, tu cuerpo temblando por el encuentro. Es la hora del poema: lo levantas en una colina verde, bajo las frazadas con la que te susurra palabras vaporosas al oído.

Saint Louis

El río me llama, su cuerpo me desea, no le basta que camine a tientas por la noche buscando el mar. Los riscos de nieve se aglomeran en la calle y el río me siente cuando camino bajo la lluvia de hielo. Así me pierdo en esta selva de metal atravesando las autopistas que van al sur. La ciudad es para saborearla como un largo cuerpo con todos sus olores puentes y rosales. Bailo y disfruto de la ciudad, es mi consuelo el ser desconocido entre la niebla. No escribo una letra en el verano. Por aquí andaba Nemerov con su caballo blanco. A veces se paraba en medio de la calle Del Mar a mirar el cielo mientras hablaba solo y sonreía. Los poemas salen mejor con siete rosas en el suelo, me decía, y mucho mejor con follajes amarillos. Con los cuerpos de las muchachas recostados en el césped la poesía reverdece. Mirar para escribir el poema, mirando los muros de ladrillo, los deseos incumplidos de una playa ausente. Oír para sentir el lirio del lenguaje, el sonido del pasto, los saludos de los pájaros que vuelven después de las lluvias. En la ciudad se escriben los cantos del río de la dicha, del Arco que parte la ciudad desde lejos. Las palabras vuelan con la mirada, el sol que grita su contratiempo, el abismo que te atrapa durante la humedad.

Lumbre de la letra

A José Emilio Pacheco

No huyas que rompes mis barrotes y me dejas sin vuelo en la piscina azul. Mira que el mar es el mar y su cielo muere en la urna de la noche. No te vayas que aún me conmueven los viejos sonidos del ropero, el tambor y la sequedad de los días sin sol. No volveremos a estar solos temblando en el nevado. Contempla la arenilla y el cristal que nos refleja mirándonos el agua. Lee la señal que sigue la dirección del aire, el sudor de mi cuerpo cuando busca a tientas la llave de mi prisión para irme de vuelo por la ciudad apagada, entre la nieve sin lumbre, entre el barro que brama con la lluvia, el fango que incita a escribir en esta sierra colorada.

El Cañón de Colorado

Vivo ahora en una pequeña ciudad cuya entrada es un cañón que nace entre un río de nieve. Escribo parte de la semana en el ex-cuarto de un nuncio jubilado. Alterno mis clases con largas caminatas para sentir este aire seco de sierra con los árboles que salen a vivir con mis pulmones. Cada día cruzo el inmenso jardín que da a la fuente sin agua, y desde allí se ven, detrás de las campanas de la capilla, las ventanas de las estudiantes que miran caer el sol de nieve. Las lluvias fuertes no caen por aquí, y el sol, cuando llega, me vuelve el más alegre de la comarca: hay que ver al gimnasta flotar sobre estos campos, dejando su brillo penetrante en la escarcha de la calle. La nieve te ciega, y al fondo del paisaje, esta lumbre sube por las montañas y baja por la carretera hasta que se cierra el cañón. Cuando estoy cansado, aburrido de la pizarra -y de no poder caminar cuando el cielo está en llamas- viene a mi memoria aquel mar que me ruge al otro lado de la montaña. Cuando escucho este sonido salado, salgo a caminar por la manzana y doy varias vueltas hasta completar dos millas. Esto me alivia y me permite pensar tranquilamente. Mi caminata favorita es al lado del río, y luego subo por parte de la montaña para observar el valle y el cañón reverdecido por las lluvias.

Cuando camino estoy más cerca de mí mismo, más cerca de lo celeste. No puedo describir con precisión mi felicidad cuando recorro estas calles con el aire fresco alimentando mis pulmones, un aire sereno, fino, desesperadamente sensual. Algunos días puedo jugar al tenis, especialmente cuando el sol no deja su sombra antes de la cinco de la tarde. Este sol te puede hacer pensar el poema mientras corres tras la pelota como un puma delgado. Esta pelota que veo venir como una buena señal, regresa violentamente con su aire seco desde el impulso de mi raqueta y de mi voz. Con el tenis puedo dejar de pensar temporalmente y me regodeo con estos saltos buscando en el vacío el apoyo de una intensidad que a veces abruma. A veces, mientras juego, siento un aire de mar venir hacia mí y me empapa con su sal y su hermosura. No sé de dónde viene, ni por qué llega en estos días en que el sol se empecina en entibiar nuestra piel que suda y suda. El sudor me regocija, quiere decir que algo dulce trama el ángel que me alumbra en las soleadas tardes de vino. Me pierdo (en la memoria del aire) sin que mi contraria sepa que no estoy aquí donde ella me ve corriendo de un lado al otro, y que la pelota pierde su altitud en mi primer saque. Luego de jugar el agua me revive: el agua tibia de la ducha que relaja mis brazos y mis piernas. No es así la rutina de todos los días. Hay días en que las pesadillas no me dejan cuando creo estar dormido y siento que me caigo sin control en el vacío. Tampoco entiendo por qué a veces veo semidormido estos duendes azules que vienen a danzar en mi cuarto. No puedo ver sus ojos ni su cuerpo, son una masa de color que baila frente al espejo. Al caer la noche me arrodillo y me elevo con fervor ante el príncipe de la luz: ahí las dunas del desierto mueren, y la lava desaparece en el mar azul. A veces no quiero dormir y consigo estar despierto por largas horas leyendo o escuchando música: no quisiera que se acabe el día ni la noche: cuando al día siguiente la energía otra vez golpeando mi corazón. Así se pasan los días entre estos rostros alegres que viven su edad de oro. Allá la fuente murmura su silencio frente a la torre de las artes, y yo alerta este año que viajo por este cañón volando con mi carro azul.

Saint Escolástica

Ahora observo la rosa desde la ventana en el cuarto de la rectoría: el daguerrotipo viejo lee mi memoria. Duermo aquí, detrás del árbol que cuidan las hermanas, en medio de las flores que me dicen de su sombra y su delicia.

Los frailes sin zapatos levitan sobre los arces. En la rectoría se detiene el tiempo, y cada noche absorbo con lentitud la soledad de otros: esta noche contemplo la foto de Emily, a quien me hubiera gustado conocer para caminar con ella por las calles de Amherst, o sólo sentarme a escuchar sus poemas al lado de la ventana. Ahora el sol y el agua inundan los techos: por estos lares el clima se enciende furioso o se apaga lentamente. No hay vacío pero sí una desesperación dulce que suele traer la duda y la espera de la nieve. Deberé seguir enseñando, borrando la pizarra o ser otro, el que huyó de las lenguas de fuego del inmenso mar.

Aun así, mis dedos trazan este cielo tan azul y el agua que respira en cada árbol, como si la vida fuera sólo una gota de agua que te revive. No quiero que esto sea un himno al desierto ni una plegaria del que duerme en la rectoría y desayuna todas las mañanas con las niñas del coro. Con todo, no podré olvidar sus voces frescas gritándome en los corredores, esperando los largos trazos de la pizarra, y el olvido de la lluvia en plena clase.

La luz del sol entra por todas las paredes de mi claustro, y las rodillas redondas son la memoria de la otra ciudad que ventilaba mis fracasos y mis sueños. Este cañón me trae el sosiego del cielo que me escribe, porque aquí se descuelga el árbol y las calles siempre están vacías de todo.

El vino y el magnolio

Breve homenaje a Jorge Teillier

Te leo oliendo desde lejos la sangre blanca de un cerezo. Tu signo astrológico era Cáncer, igual que el mío, y quizás por eso vamos con frecuencia a la casa donde se desdoblan los pinos, a ver envejecer el fuego en una jarra de vino. El fuego no piensa en la sombra y su tiempo es una llama. La ventana ilumina el bosque: han crecido las palabras en la casa, todo huele a leña quemada y alhucemas. La escarcha ha empañado las ventanas y el vaso de vino se ha marchitado como un magnolio.

El puente de Brooklyn
(segunda visión)

Hoy día es otro mundo. He caminado delirante por el parque más grande de la ciudad. Vi a Bronzino en el Metropolitano. Goya ya había salido de su pozo profundo y su perro lo lamía feliz en el Parque Central. Sus dibujos son los trazos recurrentes de esta tarde ciega. Los sueños de su razón producen monstruos caprichosos. Después los árboles de las calles me leyeron poemas de Dylan Thomas y Vallejo. Si Vallejo hubiera caminado por estas calles habría tal vez escrito algo sobre la *confianza en el anteojo de una rama*. Hubiese caminado conmigo por estas calles de luna llena, virando en cada museo y desdoblándose en los bares de la noche con ese piano que se va hasta adentro del río.

Habría ocurrido un relámpago en todos los puentes.

Una foto de mi madre

Mi madre a sus dieciocho: talle fino, espinazo duro/ morena, delgada cabellos largos, pardos los ojos como chacra de tamarindo. Le cuento cosas del frio las noches del insomne. Sus trenzas no han cambiado con el tiempo, solo una brisa blanca le adorna la frente. La miro y siento que me dice algo mientras la noche se apaga y de pronto se prenden aves alrededor de su pelo negro.

Suelo escribir de noche

Y la noche apaga todo el vecindario, los perros duermen, algunos gatos se asoman por las claraboyas y nadie responde a sus gemidos inútiles. Celan va llegando con una cesta llena de rosas, porque *la noche es la noche, y me tiende junto a ti sin explicaciones.* Por eso escribo de noche con el monólogo diecisiete para chelo de Erland Von Koch. Entonces Elytis canta *con el candil del astro discurriendo por el cielo…*

Y al amanecer uno escribe la última sílaba como una promesa para que no muera la poesía. La noche es el jazmín y la madreselva, el agua y el vino que sana. Hay un sol discreto que alumbra cada noche. Nadie lo ve. Solo lo conocen los que la viven sin temor entre el fantasma del insomnio. Michaux (siempre tarde) llega con las velas en alto para que *me una a la noche, mía, suya hermosa, mía…hermana soberana.*

Suelo escribir bajo la luz tenue que alumbra lo necesario, la inexactitud del papel borroso, el aire desvelado que me llama para vivir.

Caminando con Thoreau

Henry David Thoreau construyó su cabaña en las orillas del lago Walden en 1845. Quería sentir el paraíso en la quietud de las aguas, ahogarse despacio con su vaivén lleno de hojas secas. Escribió con el ritmo del cielo y de los árboles durante dos años en esa cabaña, y lejos del ruido y la indiferencia, levantó otro lago y recreó el concepto de la desobediencia civïl. Estuvo en contra de la esclavitud de los negros y de la invasión a México. Escribía cada noche sobre el silencio, mientras los pájaros dormían. Escribía cada noche como un pájaro, mientras el silencio dormía.

Visión de Osip Maldestam

Osip miraba el cielo y la nieve caía sobre sus párpados agotados. Levitaba con el frio deseando el calor de una vela. Escribió poemas sobre las cucarachas y Stalin. Allí, perseguido y acosado, se inició el calvario hasta su muerte. Leo sus poemas y aprendo a resistir el frio. Lo invito a tomar el té en casa esta noche que nieva en Nueva York. Mirar el fuego subir por los ladrillos le da paz. La llamarada de la noche y la vigilia lo sostienen. Se levanta y mira por la ventana: la nieve no cesa, y el mar negro y sordo ya no lo atormenta más.

VI

Chopin invitado a casa

Pongo el mantel blanco entonces, el pan, el pescado fresco y un vino para celebrar la música que entra por todas las puertas, y abro las mismas ventanas de otra casa, ese fuego lento de las hornillas de mamá, ahora que su figura reaparece con donaire entre las copas de cristal.

Lima

Para Antonio Cisneros, in memoriam

Crecí en una ciudad gris-azul con muchas ventanas. Y fue a través de ese color que descubrí otro tono de gris en el cielo: un azul cobalto, ese cálido celeste del mar que no aturde cuando sale el sol por Chorrillos y se esconde en Barranco. Ese es mi color gris-azul, el único que conozco y del que ahora escribo: mi azul de Lima (casi de la Alianza), mi celeste de la costa donde crecí y que ahora recuerdo como la mejor de todas, la que me vio crecer como el peor de todos. De los primeros seis años en Piura, donde nací, un fuerte aguacero y sol pleno. En Lima aprendí de otro tipo de azul: más nutriente y menos predecible que el de Cancún. Las ciudades con mar tienen una luz natural que se siente, pero no se ve. Ahora presiento el azul gris de las playas, esa capa salina que me habla la poesía de Lima, en una noche donde las calles son hermanas del insomnio, y el diluvio citadino es el loquísimo gris-azul que me deleita.

ESQUIAR

Te vuelves a levantar después de varias caídas y te deslizas otra vez con la nieve de la cima. La nieve te toca y todo cambia: un mar congelado te pide lumbre para sobrevivir al hielo. Como un niño terco te vuelves a incorporar, una y otra vez la misma luz del puente de hielo, los esquíes a la carga contra los racimos maduros del frio, y el sol que se clava y se deshace en tu intento por pararte triunfante sobre la nieve mientras te vuelves a caer y a levantar otra vez, y a caer.

LA LLUVIA

Crecí en una ciudad donde solo garuaba. La lluvia del Atlántico ahora guarda la clave de mis puestas de sol. Hay una jarra de arena que me lleva a Lima. El agua nos trae sorpresas inesperadas: la lluvia con viento fuerte te alborota los sentidos, y la marejada es perfecta para caminar durante horas. La neblina celeste baja despacio por el patio con las aves arbolarias. Está lloviendo a cántaros. Diría que deseo ahora mismo una perla en el umbral de la ventana. Nada más. La lluvia en toda su plenitud no tiene color, es la intensidad de su cabello plomizo, el vestido apretado, ese lugar donde uno quiere permanecer ceñido a sus brazos abiertos, a la miel que quema desde adentro.

East Village

Después de tantas lluvias una pizca de sol se asoma entre los rascacielos. Es la noche de los lobos y las doncellas. La costa ha iniciado su recuento con el mar y han comenzado a cerrar los puentes que van hacia el Atlántico. Un grupo de pájaros altera el color del cielo.

Cuando sale el sol los escaparates del día se abren con los del alma, y el espíritu vuelve a caminar por la ciudad como una hermosa mujer de la calle.

En la Villa del Oeste, las mujeres dejan que el viento les levante las faldas de seda, y los puentes les traen flores del otro lado del río, como si recién comenzara la fiesta de las rosas.

Después de tantas lluvias me asomo por estas calles como un sonámbulo desquiciado y morboso, un mirón siempre joven, y las calles se llenan de geranios en todas las ventanas.

Plaza de los naranjos

En el bus a Málaga un libro de Ungaretti me tenía conmovido. Estaba en otro mar, otra plaza donde no se sentía el paso de las horas. Entonces me dije que escribiría la sextina de los desiguales como Belli, pero salió una prosa tan desigual como la plaza de los naranjos, ahí donde mi doncella marroquí y yo bebíamos vino como si fuera la última noche del mundo. Plaza de los naranjos, llano de naranjos, suspiro de naranjos, copas de naranjos, música de naranjos: el cielo se juntaba con el agua de la fuente, su aroma te suplicaba escribir sobre la luz de los balcones cayéndose sobre tus ojos.

El grito de Munch

Camino ensangrentado por el puente de Brooklyn. Acabo de cometer un crimen imperdonable. He escrito un poema bajo el cielo color sangre y se han sanado todas mis heridas.

Es la primera vez que escribo confundido en un puente de fierro partido por la mitad.

Se oye el lamento de los glaciares y el cielo tiembla. Las palabras se sobrecogen en el vacío de la ciudad, y el puente se quiebra ante la negrura de un fiordo.

Un árbol llora su soledad y yo busco mi remanso en un glaciar sin fondo.

Estoy perdido en una calle gélida de Nueva York y ningún rascacielos escucha mis lamentos.

La poesía tiene color sangre y el dolor retumba tiernamente en el corazón de todos los puentes.

El Arno

Escribo sobre cadáveres y viejos ríos presumiendo de océanos, balcones fundidos en oro, residuos de madreselvas amarillas.

También podría escribir sobre la guerra o los helados al lado del puente romano: mariposas tristes en los escaparates con Pinocho guiñándote el ojo, el café de las esmeraldas, y la noche llena de agua, temblando ante tanta claridad.

Tiempos difíciles

Camino por la ciudad y cada árbol es el milagro de la mañana. Todos cruzan en fila para encontrarse. Así de contento, voy a volver a entrar a un museo, ir con calma a ver un cuadro de Bacon, buscar los peces de Klee para nadar con ellos, o treparme en el frondoso Árbol de Oaxaca de Francisco Toledo, para terminar en un hueco al lado del perro de Goya.

Tal vez el río oxidado sea mi única salida.

Nos salva finalmente la chica del barrio fenicio: por su escote de verano corren los deseos de acuario, sus muslos duritos, y el cabello suelto te devuelve el aliento de una *tienda de malaquita*, el agua viva de su piel de escaparate.

N.Y., marzo 2017

VIAJES

Tus pies sienten las calles y el aire negro de algunos días, y no haces preguntas vanas sobre los muertos o la peste que atraviesa las ciudades sin nombre. Solo viajas por el día y la noche escondido encima de los puentes, dejándote llevar por el aire de aquel mar que sortea sus ondas por doquier, por aquella calle desconocida de otro país donde caminas sin hacer preguntas a los árboles, los caídos en los rieles de los trenes o los desamparados que te piden un abrazo en las esquinas. Un aire tibio te pide que regreses otra vez para volver a salir y ver a la misma mujer desconocida con el cabello largo hasta los pies.

MADRID
(*si duermo no siento lo que vivo*)

A Martín Rodríguez Gaona

Esta noche tomo fotografías de la gente que camina con prisa por las calles de Madrid. No hay duda que caminar es un arte muy antiguo, pero andar para entender una ciudad es un trabajo más sofisticado y deleitante. Uno escribe poesía caminando, ya lo había dicho. Uno camina disfrutando, mirando escaparates, el porte de las muchachas, y la gente que va perdida por el lomo de la noche. No se trata de curiosidad sino más bien de leer las miradas y el ojo del cielo. Caminar contra el viento solo para que tu cuerpo transpire la vida dulce de la calle. Después terminas como siempre en casa de Lope mirando a las mujeres de trenzas largas velándolo en el patio. La sombra del tiempo entra sigilosa en todos los solares y los palacios extinguidos. Sigo por la noche sin final, *porque si duermo no siento lo que vivo.*

HAYDN

El poema regresa como un cocodrilo en busca de su presa, llorando inútilmente se lo come todo. Me come a mí, no me deja ni mi alma. El violín, el poema, papel del pentagrama, Haydn, la noche que deviene de un dulce coro vienés.

Declina el sol al revés de la playa

Por la playa una mariposa perdida busca su gaviota, ese solemne cielo indescifrable y el extraño candor de su aleteo. La miro mientras juego paleta en la playa, la pelota sube como un cometa hacia los cielos y la golpea hacia mi costado. Tal vez el paisaje humea las cenizas de otro tiempo, y el cristal del día es solo la brizna de tu deseo. Mariposa, estrella, cielo deformado por tus alas: no hay quietud mayor que tu sonrisa, tu abdomen es el terreno de los desesperados, y tu mirada que no conoce tristeza, vive en la brevedad del mar, y en los bordados de tu blusa desteñida.

La lluvia

Quiero que regrese la lluvia sin parar y deje un arco iris en mi destino. Llueve y paseo en bicicleta. Entre las calles llenas de árboles apareces para limpiarme el alma, lluvia bendita, lluvia sobre ruedas. Así, sin apuro, vuelas en tu bicicleta y entre el aguacero sale una palabra, un dolor, una lágrima. También una carcajada, otro árbol, mejor un bosque.

LA MESERA

Ella trae el tinto, sonríe, y agita su pelo negro, sabe bien que el mundo la mira, sus piernas tienen siglos de ternura.

El bar sobrevive por ella, lleno de humo, abre la grieta de los temblores. La vida comienza en la curvatura de su espalda y el arco de su cuello sudoroso.

Han llegado los arcángeles embriagados de vino dulce. Agitados aquí en la mesa discurren sobre el olor del pelo que perturba dulcemente los sentidos.

La mesera, paraíso de la vida leve, camina con las copas tintineantes entre sus dedos; sonríe con los ojos, nos mira con las manos, y su cabello está atado al roble de los ríos.

La vida está en su porte esbelto, y cuando se acerca engañosa como la poesía, yo callo.

Otro árbol cruza la ciudad

Un árbol esperaba con mucha fe la lluvia que nunca llegaba. Este era el árbol que cada mañana miraba el cielo gris recostado en un puente de madera, y con tanta sed abría sus ramas para humedecerse con el rocío de la madrugada, justo a la hora que llegaban los músicos y desaparecían en la noche los cipreses encapuchados.

VII

Paseos por Manhattan

Solo esperas el árbol que se abate, la estrella que se retuerce con los rascacielos y la nieve sucia de las calles.

Esa persistente hoja en medio de la calle, ese frescor inusitado que escolta tu propia orilla, ese poema lleno de leche negra que cava su rosa y su gusano.

El corazón de una manzana siempre te salva de esta asfixia.

La torre de París

Aquí respiro y camino por la hondura insuperable de la piedra. La ciudad es una antorcha que huye de la mañana temerosa. La torre se ilumina de repente para recordar a los muertos y los solitarios atrapados en los callejones de la amargura y la sequedad. Ya no existe la ventana desde donde se miraba el cielo: el humo azulino de Baudelaire.

Las piernas de una mujer dulce cruzan el puente.

El Metro te lleva directo a un museo sin nombre donde vive el séquito de Delacroix: su pirámide te muestra el infinito, el óleo de las aguas, la estirpe del iris y la espina.

La Noria

A mamá, in memoriam

Nadie calle al río ni la noria, el calor de la parcela, la llaga del camino, el crisantemo de la felicidad. El tiempo es un río feroz que nos engaña sin voluntad, pasa como un ciprés y nos agota sin pensarlo.

Allá viven los que se olvidaron de llorar y crecen como sauces longevos.

Mi madre está en el jardín que se presiente, pero nadie ve.

Allá se va mi miedo.

Uno escribe poesía caminando

Uno escribe el poema caminando y se precia de precoz. El ruido de las hojas sólo se oye bajo el agua. La ciudad te da la metálica de su ruido, los alambres y sus grúas, los rascacielos sin aire, puentes largos de hierro que remecen el cielo en su vaivén. Ninguna metáfora más pura que la nieve que viene de la cima de la montaña. Séneca solía decir que el ruido prolongado es mejor que el ruido temporal o momentáneo. Por eso prefiero la furia de los ríos, la caída de las fresas y el sonido de la manguera cuando riego el jardín.

Regar las plantas es una manera de ser feliz. Regar una planta como escribir un poema, lenta cae el agua y da vida a la sombra. Camino despacio mirando lento cada árbol que paso, la soltura de sus ramas, la sobriedad de sus grandes troncos, la delgada nervadura de su destino. Camino buscando algún lugar desconocido donde abrir mis alas y volar con la memoria y el corazón. Las garzas revolotean el mar mientras los gansos bajan en fila para reposar de su largo viaje sobre las sábanas verdes de los parques. Cuando paso al lado de un árbol abierto con sus ramas enormes recuerdo siempre el tilo rumoreante de Vallejo.

Ahora me he detenido al lado de un viejo ciprés de la India.

Presiento que el viejo ciprés conoce bien las artimañas del poema. Yo lo veo con mucho respeto. Ahora que se acaba el verano me siento bajo sus grandes ramas a mirar la escritura del horizonte. Parece que mi padre vuelve a protegerme. Me siento a su lado y miro hacia arriba, y entre sus ramas los reflejos del sol aparecen como las llamas de la poesía: sus luces te transforman, son rayos que no titubean, es la vida que me cae sobre los ojos.

Mi padre me miraba con ternura, su vejez era una luz para mi pequeña vida. Aquí está mi padre en una foto en blanco y negro con dos amigos del novecientos. Él está de pie, delgado y apuesto lleva un traje blanco, bigotes ligeros, y botas de cuero negro. En esta otra foto está montado en su caballo colorado bajo el sol de La Unión. Casi no puedo ver su rostro. Solo él y su caballo cabalgan contra el tiempo y el arenal.

Qué día tan lindo era el domingo. No había otro día mejor. La fotografía me mira y yo sonrío con mi padre. Al menos aquí está para protegerme cuando las lluvias fuertes lleguen y no den ganas de salir a caminar. La casa es el museo donde vive la memoria. No abandonemos la casa y sus ruidos esenciales.

No hay fotos más hermosas que las del mar y las dunas del desierto en forma de mujer. El desierto tiene también su música y sus relámpagos. Todos tenemos nuestro propio desierto. El abismo se pronuncia hasta en el perfil de una rosa.

El abismo es un retrato en blanco y negro donde nunca hay que dejarse caer.

Uno escribe el poema caminando y se precia de precoz.

Montreal

Una cruz flota contra la noche. Las luces rojas y el aire fresco abren la felicidad de mañana. Se doblan los edificios entre los árboles y se encienden los faroles en las avenidas. Siempre en lo alto el viento baja a rozar sus ojos verdes, la mano que atesora un milagro en la madrugada. Allá voy pronto a la cima para no cavar más una tumba en el aire. No más leche negra ni grieta en los violines. La cruz flota y la neblina sombrea los pastos del cielo. La noche comienza con el dedo que palpa el huracán.

Bryant Park

Mi nuevo canto patina sobre un sol que busca su hueco entre el viento blanco.

Camino radiante por el parque soleado lleno de tiendas tomándome un té negro para no desfallecer de frío.

Rascacielos izan su corazón impuro a las alturas.

Nazco por la corriente que canta alegre la ciudad: las muchachas a coro endulzan el aire con sus botas largas y hermosas cabelleras tiritando bajo cero.

Camino radiante con la poesía del brazo por el Parque Bryant repitiendo la composición azul-gris para comparar sus efectos: agua y flores han inundado el parque, como la música glacial se inicia la primera variación del invierno.

Manhattan, enero 5, 2013

Devorak

Viejo sabio le decía el violonchelo sin comprenderlo. Su concierto número tres desorientó a los milenarios bosques de Vermont: los árboles se las ingeniaron para venerar sus arroyos con bajos y clavecines, con cornos y palmeras: solo para poder entrar en la sombra del verde y en el indescifrable turquesa del otoño. Los colores más nítidos salieron a cantar y a bailar con los grillos y los venados. Desde aquella vez cambió por completo la orquestación del mundo. Ahora es costumbre que el violonchelo suba sin prisa hasta la copa más alta de los pinos: rey de oros, damas bordadas con girasoles.

Mi corazón devastado

Mi corazón es el país más devastado, decía Ungaretti. Por eso, más que el dolor físico del otro o del Mundo, el corazón es el que mira nuestras heridas y arrastra al dolor hasta la cima propicia de la esperanza. Voy a hablar de la esperanza ante una fila de muertos bailando una canción de cuna. Miro la palabra que se clava con la luz en la ventana soleada: la palpo con la sombra en el umbral que no se dice. Nadie reconoce los ángeles de los pobres, el paraíso de su alegre vestidura. Palpo la poesía en una ventana cerrada, en la hermosa espalda de mi doncella mordiéndose los labios entre canto de pájaros, y bajo el raudo oscilar de sus cabellos escribo el sabor del caribe en sus pezones.

Un pino me habla de la lluvia

Para mi hijo Christian Miguel

La bicicleta de mi hijo rueda con el universo. Es sábado y paseamos por la calle llena de pinos y enebros delgados que se despliegan por toda la ciudad.

El sol cae en nuestros ojos por la cuesta mientras volamos con el aire seco del desierto y los piñones ruedan por las calles con el viento. El sol baja a las seis de la tarde en el invierno, y se va escondiendo por los cerros que se enrojecen con su sombra.

Los ojos de mi hijo brillan como perlas y me dicen algo inexplicable. Las ruedas de la bicicleta mueven el mundo, muestran su agilidad y la gravedad del aire.

El timbre se escucha como la buena nueva de la mañana: sus anillos de metal alegran la cuadra y forman ondas que trepan con los pinos hasta el cielo.

Una puerta

El domingo pasado leía con esmero a Francis Ponge. Callado me decía: abraza una puerta, siente el umbral de sus arcos, atraviesa su temor hacia el aire nuevo de su aldaba. Ahí está la poesía.

Mira los pinos como vuelan con el viento del norte, como se balancean con la luna desteñida. Mira las aves, siente su vuelo, y después ve a casa y escribe sin parar.

No te canses de mirar el florero de cristal que corta la luz de la persiana y la desvía hacia tus dedos. Aquella piedra cadmia y las altivas señoras de Vikus fermentándose en la chicha con su sabor a pescado fresco.

Huele su pelo, viaja por la humedad de los bosques encendidos, aquellos que solo se ven en la noche de las ranas y los tulipanes. Los bosques son hermosos, son profundos pero a veces te mienten sin titubear.

El agua te lleva por las calles de tu ciudad sin nombre, navegando por el mar sin los veleros absurdos de los sueños. Huele el agua salada de la arena mojada con el agua del tiempo. Escribe sin parar.

Mira la ventana, está nevando. Ha nevado toda la noche y solo deseas escribir y escribir mientras el cielo es una tinaja gris, una casa olvidada en plena calle.

Resplandor

Mi resplandor retorna al sol, dice Elytis, su claridad es para el aura de los perdidos, los que caminan hambrientos por las calles de la ciudad. Algunas tardes cuando llueven piedras de los cielos abro mi nuevo paraguas y sonrío levemente.

Central Park

Las mujeres se ven más hermosas cuando llueve:
son esculturas de agua en movimiento.

Las fuentes celebran la energía de las gacelas
corriendo por el Parque Central.

¿Para qué vive uno si no es para celebrar este trote,
la agitación de la sangre en la delicia de la
observación?

Por eso salgo a mirarlas cuando van corriendo bajo los árboles, cruzando entre la multitud ciega que pasa sin verlas, aparentando no ver ni sentir mientras se les deshace la piel. Es una música distinta: las piernas y la hierba como un jazz que contiene la respiración en el imperio de la noche.

La cuerva de Nueva York

1

Me voy de juerga me dice la cuerva negra del Bronx: bajaré a la ciudad, prenderé las luces y la ceguera de la sombra será solo un mito bajo los rascacielos. Me voy de baile, me dice airosa, mi vestido rojo ceñido será la novedad del jolgorio, y estas húmedas alas se abrirán sin demora al primer paseante.

2

No te pongas celoso me dice que en Creta eso es desamor y aquí en estas calles el deseo es parte del caminar

3

Salíme al campo a contemplar mi figura, y sentí que mis alas esplendorosas eran las rosas de la liviandad, y mis piernas, ah, mis piernas, largas y duras que sin ser de águila o halcón se ven mejor que las dos columnas del Brooklyn Bridge.

4

Mira las ascuas del crepúsculo, el cielo torcido para mi ojo bizco que se levanta en llamaradas por el parque, por aquella hilera de árboles donde tocan los cuervos su tambora.

5

Tal vez ya no haya un lugar para descansar y dormir, algún ciprés, una fuente, una lluvia fina que me sienta volar en bicicleta, otro cuerpo que no se duerma ante tus garras de gavilán.

6

Me voy a caminar como camello rumiando los placeres de la vida dulce, y nadie podrá quitarme este sustento que me da vida y alimento.

Camino a Logroño

Para Alfonso Martínez Galilea

Salgo a la estación del autobús. El cielo extrañamente gris baja con el vaho a la ciudad. La noche anterior me había acostado temprano como nunca, y no creí más en las supersticiones. Desnudo volví a pedir ante la sombra un poco de sosiego para mi alma agotada y perdida. Toda la noche el perro de Goya había estado lamiéndome los brazos, desesperado lloraba por su amo que salía de un pozo vestido de negro. El perro no podía ladrar de la pena, y me miraba con ojos lánguidos y movía ligeramente la cola. Es que el mundo es un pozo, me decía, y estamos aquí para velar por el alma de nuestros amos. Y me repetía: veo en tus ojos que tu alma es como la mía, pero no tienes cola. Claro, le dije, pero en casa tengo un pequeño perro que vuela con un ángel desconocido por el vecindario. Mi ángel decidió abandonarme por un tiempo pero a veces lo veo en los ojos de mi perro.

Y ahora que voy por los campos verdes de Soria, veo decenas de ovejas pastando con algunos perros felices que esperan la lluvia de mayo con esmero. Nunca vi cerdos tan alegres regodeándose bajo el sol. Las vacas cruzaban sin prisa los arroyos, y miraban de reojo a los perros mientras rumiaban de contento. Al perro de Goya le hubiese gustado estar aquí entre este celeste cielo y estas nubes que tocan las colinas. Mientras observo el paisaje pienso en la distancia del tiempo y aquellos que quieren quemar tus sueños.

Quería bajarme del autobús y correr por estos campos, y quedarme a escribir las primeras señales. Me esperan en Logroño, pensé: la lluvia y el cielo de Logroño, la vid y las flores de Berceo. Vuelve a llover. Y de repente regresa el olor de los pinos, la neblina que los enciende con los pájaros, y vuelvo a ver el mar que por aquí no viene sino del cielo, con su forma de manifestar su presencia en mi cabeza. Escribo en el cementerio con los mausoleos que alumbran a la rubia que corre bajo el agua. Sus prendas interiores vuelan por el aire de estos valles, golpean la ventana del autobús.

Otra vaca hermosa bebe agua del arroyo: su único pasatiempo es mirar el agua y azotar a los insectos que viven en su enorme lomo. Sus orejas me escuchan hablar solo en el autobús.

Dylan Thomas vuela por Manhattan

Vuelan las cenizas de Dylan Thomas por el aire de la Villa, navegan sus huesos por los canales del gran río, por las tabernas donde sacudió la noche de un plumazo resucitan las cervezas frías y se prenden todas las antorchas…

La cama

> Haz que tu ojo en la habitación sea una vela
> PAUL CELAN

Tendido sobre la cama en una habitación de hotel leía "El tordo" de Turguénev. En este cuarto sin ventanas he sentido con mayor fuerza mis heridas. Pero a diferencia del texto de Turguénev, mis heridas no eran de amor, y los nubarrones que yo sentía provenían de otra borrasca. Sin embargo, solo le pedía un milagro a la noche: conciliar el sueño. Recordé la oración por los insomnes de Rilke y balbuceaba: "a quién debo llamar sino a ti que eres oscuro y más nocturno que la noche, al único que, sin lámpara, puede velar sin miedo…". Abrí mi cuaderno y escribí unas palabras a lápiz que ya no reconozco.

Vi al mismo niño esperando el caballo de papá cruzar el puente del río salado. Mi hermana Carmen miraba la polvareda que bajaba del cielo como un castigo. Tendido sobre la cama no podía conciliar el sueño. En otras ocasiones los pájaros siempre me aliviaron con su fuerza solo comparable a la voz irracional de la naturaleza. Las oraciones no llegaban a mi alma, se quedaban afuera entre el humo de las calles. Orar es subir a la cima de tu alma.

Rebuscando entre mis libros recién comprados en La Gran Vía hallé por suerte uno de Celan, y estos versos: "Las dos puertas del mundo están abiertas". Algo me tranquilizó, el Santo Santo, el Hosana, Hosana aquí en las alturas de este cuarto, entre sus nubes que bajan a llevarme en su vuelo, mientras el mal olor de la calle subía por las paredes de mi cuarto. Celan tenía temor de las rejas y de las sombras, pero conocía bien las fuentes y el susurro de las rosas. En "También esta noche" dice algo que no voy a olvidar: "Con mayor plenitud, / pues también cayó nieve sobre este/ mar en que nada el sol, / florece el hielo en las cestas/ que llevas a la ciudad. / Arena/ pides por él, / pues la última/ rosa en casa/ quiere también esta noche ser nutrida/ de la hora que corre". La nieve sobre el mar por donde nada el sol: la hora corre por todas las cosas, y por la cortina que recubre la pared sobresale el deseo de abrir un hueco sin crear un abismo. Es que hay noches que suenan como campanas cuando uno va por ahí con rosas bajo el brazo en busca de alguna mujer desconocida. Porque hay noches en que uno se tropieza con las piedras, y vaciamos en vano todos los jarrones sin agua. El jarrón de Sancho, por ejemplo, siempre estuvo lleno, aquel filósofo que venció a su demonio en La Mancha. Por ahí lo vi tratando de sacarme de este lío mientras el hueco se caía de la pared colgada como un gran cuadro de la Vida Dulce.

El fulgor no llegaba, y los muertos nos reclamaban los muslos firmes que corrieron sobre ellos en el cementerio para descansar en paz.

Ahora desalojo mi alma del polvo y de la nieve: la vacío desde la cima, con una vela para dormir.

YA NO TENGO ÁNGEL DE LA GUARDA

Ya no tengo ángel de la guarda. Un día inesperado se perdió en la llanura buscando la plenitud y el reposo. A pesar de todo, el movimiento del cielo no cesa todavía. Sigo caminando por el bosque con los ojos abiertos, y a veces siento en el aire una breve eternidad. Pienso que mi ángel de la guarda –por ese inmenso cariño por las islas– está de custodio de las profundidades del mar, que después de todo, es la otra cara del cielo. Sé que no está en el monte Nebo contemplando el tiempo que vendrá. Mi ángel tenía una larga cabellera negra y sus ojos te seguían por todas partes. Cuando iba de paseo en mi bicicleta su cabello era una llamarada de fuego negro que llamaba la atención en todo el vecindario. Nadie la podía ver excepto mi perro que agachaba la cabeza cuando volaba por encima de los geranios. Ya no tengo ángel de la guarda. Ahora camino solitario por las oscuras calles de los pinos y presiento que alguien todavía me vigila.

Entrevista a Miguel Ángel Zapata

Mónica Sarmiento-Archer
Adelphi University, Nueva York

Miguel Ángel Zapata

y el universo del poema en prosa

Esta entrevista se realizó a propósito de la reciente publicación de Miguel Ángel Zapata: *Cancha de arcilla. Poemas en prosa 1983-2019*. Nueva York-Madrid: Bi-Coa- Fundación Miguel Hernández- Instituto Cervantes, 2020. María Ángeles Pérez López (Universidad de Salamanca), en la contraportada del libro dice acertadamente: "Miguel Ángel Zapata escribe en el amanecer del primer día, antes de que se desaten las tormentas y la peste. Toma el lienzo inaugural de la mañana y escribe en él la transparencia. La elocución es bella y diáfana en esta primera luz en la que solo lo acompañan la música y los pájaros. Él mismo es otro de los modos de esa inocencia inaugural. Su escritura es movimiento ágil sobre la cancha de arcilla, o entre patios, caminos y plazas donde la vida acontece. Apenas algún rastro de ceniza ensombrece las horas". Miguel Ángel Zapata ejerce de profesor principal de literatura latinoamericana en Hofstra University, Nueva York. Ha publicado recientemente en poesía *Un árbol cruza la ciudad* (México: El Tucán de Virginia, 2020). Es autor también de *Con Dylan Thomas volando por Manhattan* (Buenos Aires, 2018), *Hoy día es otro mundo* (Granada, 2015), *Fragmentos de una manzana y otros poemas* (Sevilla: Sibila, 2011), *Un pino me habla de la lluvia* (Lima, 2007), *Escribir bajo el polvo* (Lima, 2000), *Lumbre de la letra* (Lima, 1997). En 2016 se publica una antología de su poesía traducida al italiano por Emilio Coco: *Uno escribe poesia camminando (Antologia personale 1997-2015)* (Ladolfi, 2016). Destacan también en su obra crítica: *Ya va a venir el día. César Vallejo. Antología poética esencial* (Málaga: Poéticas Ediciones, 2021), *Degollado resplandor. Poesía de Blanca Varela (1949-2000)* (Santiago: Fundación Vicente Huidobro- Editorial Universitaria, 2019), *La voz deudora. Conversaciones sobre poesía hispanoamericana* (F.C.E., 2013), *Moradas de la voz. Notas sobre poesía hispanoamericana contemporánea* (Lima: Universidad Nacional Mayor de San Marcos 2002), *Nueva poesía latinoamericana* (UNAM, 1999), *Metáfora de la experiencia. La poesía de Antonio Cisneros* (Universidad Católica, Lima, 1998).

¿Considerarías que la poesía en prosa en un híbrido? ¿Cómo la percibes?

El poema en prosa es el movimiento perfecto de la desarmonía. Avasallante, cubre toda la página y la derrota. Eso sí, cabe en él, un dominio pleno de la estructura rítmica como en la música. Hay ciertos espacios desnivelados que hacen del poema en prosa un género difícil de practicar. La buena intención del poeta no basta. El poema en prosa sale sin pensarlo demasiado, fluye de la mente creando una superficie llena de variaciones. Es un bosque lleno de símbolos y señales: ejercicio del arte de "tropezar sobre las palabras como sobre los adoquines" tal cual sugería Charles Baudelaire. El poema en prosa es una marcha híbrida, mezcla intensa donde entra un micro relato como un ensayo breve o una imagen desbocada, y sin rima. Cielo híbrido, página híbrida, tejido mestizo.

¿Cómo te diste cuenta que hacías poemas en prosa? o no lo sabías. ¿Cómo ocurrió este descubrimiento?

El poema en prosa te llama, te ordena que cubras toda la página con lo aparentemente inalcanzable. La mente de pronto guía tu mano y te vas abriendo hacia campos desconocidos, ahí donde el espíritu transmite su deseo. Sin embargo, la mente nunca me ha abierto las puertas para escribir un soneto, una décima o un alejandrino. Mi admiración para los que sí lo han logrado. No me siento capaz de hacerlo. Me parece que es demasiado forzado hacer rimar a las palabras, asfixiándolas, cuando no escuchas el llamado. Había escrito ya algunos poemas en prosa en 1983, preparando la publicación de mi primer libro de poemas. Estaba contento con el hallazgo. Desafortunadamente se me perdió el primer manuscrito en un taxi en Lima. En *Imágenes los juegos* (Lima, 1987) incluí muchos poemas en prosa, y tenía plena conciencia de ello. En cada libro posterior he incluido intencionalmente lo que yo consideraba poemas en prosa. Lo mismo sucedió con *Poemas para violín y orquesta* (México, 1991). En este libro, mi editor y amigo, Fernando Tola de Habich, me sugirió que debíamos "justificar" o sea alinear los versos en ambos bordes, de muchos poemas que eran esencialmente poemas en prosa. Había, claro, muchos poemas en verso, pero en la prosa me sentía más libre de extender las palabras hacia otra planicie. Me sentía menos atado a una estructura que limitara la imaginación.

¿Cómo interpretarías tu poesía en prosa? ¿Es una descripción subjetiva, metafórica?

Es una marcha donde percibo un acto de insubordinación total. Me siento más suelto de ideas y de aliento, y con unos deseos de caminar por la página como en una llanura o por una ciudad llena de rascacielos. Había escrito que "el poema en prosa es como jugar un partido de tenis en una cancha de arcilla: el cielo limpio, el espacio amplio e incoherente, la luz desnivelada, y un apetito voraz por lo inesperado. Nadie sabe quién gana o pierde".

¿Consideras que la poesía en prosa debe tener una actitud hermética?

En mi caso diría que no. Prefiero ser el jefe de los sueños, pastor de rebaños donde el cielo es claro y el agua limpia. Mis poemas en prosa dejan pasar el aire, sin sellarlo, sin ser discípulos de Hermes, impenetrables. Pienso que un poema puede ser complejo y al mismo tiempo tocarte la piel sensualmente. Y esto en definitiva no es una señal de debilidad, para los que creen que lo incomprensible es raro o es señal de lucidez.

¿Te ajustas al ser que hay en tu interior o simplemente prevalece la parte técnica?

En poesía hay que seguir el dictado de la razón y del espíritu. La técnica podría ser el hábito variable que tiene cada uno para escribir y corregir. Mi trabajo es un constante corregir, y siempre le hago caso a mi oído y por supuesto a mi interior. Leo el poema en voz alta, y mi oído me ordena las piedras que debo eliminar.

En tus obras hay una fuerte tendencia a la referencia artística. ¿Cómo llegas a estos espacios?

Siento una inmensa fascinación por todas las artes, en especial por la pintura. Tal vez será porque me siento un pintor frustrado. De adolescente estudié pintura en Lima, y aunque no pude realizarme como pintor, me quedó una profunda admiración y amor por ella. El trazo y la palabra se unen en un espacio único, irrepetible, creando un universo similar. Miro una pintura, un grabado que me conmueve y no me queda otra opción que escribir sobre esa imantación. Por lo general sale un poema o también un ensayo breve. El "Filósofo meditando" (1633) de Rembrandt es una pintura al óleo que me sigue conmoviendo. Entre sus drásticos contrastes y espacios violentos habita un poeta profundo. Esta pintura es casi real: un filósofo está sentado al lado de una ventana, y el fuego lento deleita su pensamiento. La luz casi ciega de la ventana se enreda en sus ojos entreabiertos. Entrar en sus ideas es subir por la escalera de caracol deliciosamente perdido. Luminoso y oscuro, así como el poema, el filósofo escribe al lado de la ventana. Estas imágenes me impactan de tal forma que no queda otro remedio que escribir el poema una y otra vez. Otro cuadro que me imanta y que presenta una visión distinta de la sociedad francesa de 1857 es "Las espigadoras" de Jean-François Millet. Veo a tres mujeres espigando los tallos perdidos del trigo. Pienso en esas tres mujeres trabajando bajo el sol. Sobre sus espaldas descansa el universo, el trigo de oro destruyendo la cizaña. Un color o una sombra es una palabra dislocada, quebrada. La pintura, como la música, nos toca directamente el corazón. Así me ha sucedido con cuadros de Van Gogh, Munch, y últimamente con Egon Schiele, Paul Klee, Fernando de Szyszlo y Francisco Toledo.

Veo en tu obra un reencuentro con la libertad original del arte. ¿Es así? ¿Cómo se identifica?

Totalmente. Escribir es no tener miedo a decir una palabra clara, nombrar un oleaje en una cueva o repetir el eco de tu sombra o de tu potente dolor. Siempre tratando de evitar como sugería Shakespeare, una "invención innecesaria". Todo está ahí para que recojamos las semillas de la vid, la cosecha del viento libre.

¿Cómo te adentras a los temas prohibidos: la sexualidad, los vicios, las drogas en su obra? Si tuvieras que crear un escenario en prosa. ¿responde a una vivencia especifica o es la obra de otros?

Los escenarios en mis poemas en general responden en casi todas las circunstancias a una vivencia personal. Después de eso viene la transfiguración de los eventos y los personajes. También cambia el lugar y el espacio, es decir; se convierte en otro lugar y en otra vida. La sexualidad no es un tema prohibido o no debería serlo en todo caso. Es la manifestación plena del ser humano, y esconderla es reprimirse y llegar a la tara horrenda de la hipocresía. En ocasiones, según los poemas, el éxtasis, el orgasmo, y las fantasías son parte fundamental de mi escritura. Escribir un poema es como un burdel lleno de colores. En algunos casos he tratado de presentar un cuadro de la vida dulce, donde los cuerpos se funden en cientos de gemidos consecutivos. No he escrito sobre las drogas porque simplemente nunca me han interesado.

Si tuviera que crear un escenario para vivir en prosa. ¿A qué tiempo y lugar te remitirías?

Vivo en prosa caminando o paseando en mi bici. Si fuera al gimnasio, viviría solo en verso. La prosa poética, en cualquier lugar es grata y deleitante. Tal vez haría un viaje por los distintos espacios y tiempos. Primero me hubiera gustado vivir por un tiempo en Egipto hace cuatro mil años, y haber frecuentado el harén del faraón Sesostris I, y escribir sobre los ojos y las trenzas largas de sus mujeres. Saludar a Sinuhé y preguntarle sobre su autoexilio en Siria, y tantas cosas más.

Después pasarme a la gran ruptura de los tiempos renacentistas, y apreciar de primera mano, las obras de Miguel Ángel y la gran Biblia de Gutenberg. Y después tarde en la noche a Venecia y tener largas conversaciones con el cura rojo, Antonio Vivaldi. Conversar de sus clases a las niñas del coro en el Hospicio de la Piedad. Escribir sobre sus cuatro estaciones, de cómo va cambiando el ritmo en cada una, y el poema sería una inmensa gota de agua, los canales de piedra clamando al cielo más agua limpia para vivir.

¿Cómo describirías la situación actual a través del poema en prosa? O si tuvieras que partir de una obra de arte para escribir un poema en prosa, ¿cuál elegirías? ¿Y por qué?

Es difícil describir sobre la situación actual solo con palabras. Podrían ser imágenes fotográficas, ensayos breves, cuentos, o claro, sendos poemas entendibles. Si existe algo sobre qué reflexionar producto de esta crisis, es admitir que existen millones de seres humanos desamparados, sin ningún tipo de protección a nivel económico, y de salud, es decir, son pobres entre los pobres. Negarlo sería un crimen después de observar las miles de muertes por un olvido enquistado por siglos en el sistema económico y social del planeta. A pesar de todo dolor, uno sigue escribiendo, porque la poesía está enquistada en el corazón y es fuente de toda esperanza. La verdadera poesía es la vida misma, el ojo del árbol, la mirada del cielo, la esperanza del día sin la noche. Sigo escribiendo en estos tiempos de incertidumbre. Desde mi mesa de trabajo puedo ver el jardín y el patio con mi bicicleta esperándome para volar por los aires de mi barrio. Así no sucumbo, así renazco en cada página, en cada pedal. En efecto, he escrito varios poemas sobre obras de arte, especialmente pinturas. Estoy ahora en el trance de escribir sobre "Der Lyriker" ("El poeta") de Egon Schiele, y sobre "El filósofo" de Rembrandt.

Sobre el lector de poesía en prosa .... ¿Cómo se llega a él?

En realidad, son los mismos lectores de poesía en verso libre o rimada. Sin embargo, los lectores de poemas en prosa buscan esa amplitud, esa dispersión, ese río que cubra toda la página sin ser un cuento. Esa concatenación de imágenes imparables, ese oleaje persistente de no soltarte hasta la última frase.

Long Island, Nueva York, Sept 5, 2020

Apéndice

ACERCAMIENTOS A LA POESÍA DE MIGUEL ÁNGEL ZAPATA

Selección de Marisa Russo
Hunter College,
City University of New York

Miguel Ángel Zapata
y *La Iguana de Casandra*

Por Miguel Ildefonso

Celebramos la publicación de *La Iguana de Casandra* del poeta Miguel Ángel Zapata, libro publicado por el Fondo de Cultura Económica y Ciudad Librera que reúne una importante selección de poemas aparecidos entre 1983 y 2021.

Son casi cuarenta años de trabajo poético de nuestro poeta nacido en Piura, Perú. Su sostenido y fructífero ejercicio con la palabra se vio plasmado en libros como Imágenes los juegos, Poemas para violín y orquesta, Lumbre de la letra, Escribir bajo el polvo, Un pino me habla de la lluvia o Fragmentos de una manzana y otros poemas que mereció el Premio Latino de Literatura 2011. Ya su obra poética ha sido reunida en anteriores antologías personales como Mi cuervo anacoreta, Ensayo sobre la rosa. Poesía selecta: 1983-2008 y Hoy día es otro mundo de 2015; sin embargo, en esta excelente edición podemos ver más plenamente la evolución que ha tenido el poeta radicado desde hace décadas en los Estados Unidos.

Es una poesía que parte de la pureza de los símbolos que se hallan en la naturaleza, a través de una aguda mirada capaz de armonizar el objeto o el animal más pequeño con la fascinación de la inmensidad del bosque o del cielo. Esa búsqueda de la palabra precisa, nada artificiosa, colinda en la tradición de autores como William Carlos Williams, Wallace Stevens y Charles Simic. A lo largo de los años, de sus viajes, de sus ciudades,

Miguel Ángel ha ido pincelando diferentes paisajes abiertos y a la vez íntimos, fabricando la casa o la ventana de su contemplación, componiendo la música que perfila a esos seres que habitan su poesía, cuervos, perros, pinos, Mozart, en donde aflora la cálida memoria familiar o la crónica sensual que emana de la belleza de una mujer corriendo por un cementerio urbano.

Su poesía es la celebración por la belleza de la naturaleza, es una travesía compuesta de detenimientos, de movimientos armónicos que hacen aún más sorprendente el milagro que es la vida. Y todo ello se simboliza perfectamente con la figura de la iguana. Este animal, gracias a su excelente visión, está en constante éxtasis contemplativo, parece estar alelado, en un trance de carácter místico.

En distintas culturas la iguana significa benevolencia, el que nos protege del mal. Otro de los significados más notables de la iguana es la alegría, y eso porque la iguana es "una criatura contemplativa que expresa la aceptación y la alegría infinita. No hay prisa en su mundo. Todo llega a su debido tiempo. La iguana siempre está bien con el simple hecho de estar, se siente serena y muy bien con los ciclos de la salida y puesta del sol y estos parámetros simples de la vida mantienen su bienestar".

El poeta, al igual que la iguana, celebra el sentirnos vivos con todo, con todo lo que nos rodea, incluso con lo que no vemos. Ese misterio que enciende la llama de la vida, por eso mismo, hay que aceptarla como tal, con agradecimiento, con regocijo, con poesía.

La marcha de las estaciones marca un ritmo a nuestra existencia y a los poemas, y es lo que plasmaban los poetas orientales con esa sabiduría natural de observar, de apreciar las cosas buenas y sencillas. Se dice que, a las iguanas, también, les gusta la música; al oírla se aprecia en ellas "colores más brillantes, su cabeza se balancea con cierto ritmo y sus ojos brillan".

Entonces, lo que afirma el libro es que la iguana es de Casandra, ese personaje mitológico que era la sacerdotisa de Apolo, la que tuvo el don de la profecía, aunque fue castigada con la incredulidad de los que oían sus pronósticos. Quizás el poeta, también, hoy en día no sea un profeta, o un profeta en su tierra. Los poetas bajaron del Olimpo hace décadas, pero eso no significa que la palabra aun no tenga o no recobre ese don, no de predecir algo que ya la ciencia se encarga de decirnos; sino ese otro don espiritual que hacer manar la llama que nos reconcilia con la naturaleza, ese anhelo, esas correspondencias.

El trabajo poético de Miguel Ángel Zapata, en este lapso de casi cuarenta años, se ha ido consolidando como una de las voces líricas referenciales de las letras hispanoamericanas. "Yo escribo poesía caminando, siempre de viaje, sintiendo el mundo dentro de un árbol, olas que retumban en el desierto, y el mar que reconoce su corazón en los rascacielos", nos dice Miguel Ángel, lo cual es patente en sus poemas, tanto en prosa como en verso, nacidos ciertamente de esa exultante contemplación de las cosas cotidianas, en ese descubrir y escribir y maravillarse de la vida como si fuera una continua lectura por la que el poema en cada ojo de iguana cobra una nueva dimensión.

Se reconoce una actitud constante de anhelo hacia la trascendencia de las cosas, despojándose no de lo accesorio, pues no hay nada que sea menos en este mundo, sino de lo que resulta insustancial a ese estado cuasi místico, y de un lenguaje que levita; levitación que sería sinónimo de despojamiento de todo lo material que se nombra. Por eso, además, es importante en su poesía la simbología de las aves, de ese cuervo anacoreta que "escribe con su pico la soledad de la noche". Hay una comunión, como se ve, con lo sublime de la naturaleza, desde una condición natural y dialogante con el entorno intemporal.

En el poema La ventana se habla interiormente de la construcción del poema: "Voy a construir una ventana en medio de la calle para no sentirme solo", inicia así, acercándose al hábito del poeta de estar íntimamente con el lenguaje, habitándolo; el lenguaje como un hogar y, a la vez, el texto poético como un trabajo del conocimiento y de la sensibilidad. La poesía de Miguel Ángel es esa ventana hecha para permanecer en la mirada, en donde podemos ver el mundo desde nuestra mismidad siendo una comunidad a su vez.

Habitemos entonces este libro y experimentemos la decantación de un lenguaje que linda lo coloquial, lo reflexivo, lo irónico y lo narrativo, y siempre con la exaltación y el entusiasmo por la captura de la belleza, que no es otra cosa que la restitución del ser en una existencia más plena que se simboliza con el cielo, mediante la música bajo los pinos.

(Texto inédito)

El café con crema y el pan caliente con mantequilla, la felicidad
Hoy día es otro mundo de Miguel Ángel Zapata

Por Martín Rodríguez Gaona

Miguel Ángel Zapata es una voz atípica en la tradición poética peruana. Apenas comprometido con grandes gestos sociales o rupturas de lenguaje (como fue el caso de gran parte de su generación), su esfuerzo está enfocado, esencialmente, a despertar resonancias emotivas. Este es el propósito que unifica el recorrido de *Hoy día es otro mundo*, la antología que permite recrear la totalidad serena que caracteriza al poeta desde su primera entrega.

Zapata es, ante todo, un poeta de sensibilidad. Cuestión ardua, en nuestros tiempos, por el riesgo que supone caer en la cursilería, sea esta sentimental, metafísica o maldita. El autor de *Hoy día es otro mundo*, con intuición e inteligencia, intenta vivir en disposición poética: un reto sutil y supremo para cualquiera -y quizá más desde la academia estadounidense-, cuando pareciera sostener que el secreto de la felicidad es, por el contrario, un desaprendizaje constante.

Apelando a lo biográfico, resulta curioso también que una ciudad como Nueva York, al menos en esta entrega, no constituye parte crucial de su universo: ni su deslumbramiento ni su angustia. Pero quizá no debamos sorprendernos excesivamente, si reconocemos en el poeta un primordial anhelo de ecuanimidad, pues la patria lejana tampoco le despierta nostalgia.

Así, la imagen que surge en estos poemas es la del extranjero como un solitario, un individuo consciente de su destino: alguien que debe, en primer lugar, estar a gusto consigo mismo, lo que implica aprender a entretenerse. La escritura, en consecuencia, se asume como una forma de erotismo, lo que, a su vez, es otra puerta al conocimiento: celebrando la vida desde su anecdotario, no por simple menos mágico.

Miguel Ángel Zapata parece afirmar que la poesía no existe (como una abstracción inmutable), sino que apenas sucede: es un hecho constantemente renovado. Por eso al poeta le gusta salir a caminar, preparar la mirada para el asombro. Andar, observar y escuchar, sacando a pasear, a veces, la memoria rítmica de los maestros, aquellos espíritus que supieron, creando o mintiendo, qué más da, suplir de armonía a la vida (me refiero al inventario de músicos y poetas que surcan estas páginas).

Bajo el predominio de la prosa, Miguel Ángel Zapata nos ofrece una poesía de la transparencia, la cual fluye como el latido que une al día y la noche, o como el agua que bendice el cuerpo amado. Decía Octavio Paz que hay una clase de poeta cuya escritura casi no cambia en el desarrollo de su obra y que, sin embargo, desde su monotonía, alcanza una rara perfección. Zapata sabe encontrar la belleza en sus obsesiones y precisamente esto lo acerca a la sabiduría. Una sabiduría que brota con engañosa espontaneidad, sin énfasis, y por esto mismo es más convincente. Un pequeño milagro que, como constatará el lector, no requiere más que de la conjunción del silencio y de una voz.

Texto leído en la presentación de "Hoy día es otro mundo" (Granada, España: Valparaíso Ediciones, 2015) en el Centro de Arte Moderno de Madrid, 17 de mayo, 2016

"Los muslos sobre la grama" de Miguel Ángel Zapata

Por Liliana Lukin

Encontrar el tono, el matiz no explorado en el discurso sobre una poética, si el poeta ya ha sido leído por otros poetas y esas lecturas han devenido interesantes textos, es un problema más que un desafío. El problema es doble si se trata de hacer una lectura singular sobre un libro plural: Los muslos sobre la grama, tal vez el más narrativo de los libros de Miguel Ángel Zapata, condensa una serie de motivos que trabaja y trae, desde libros anteriores, a derramarse aquí en repetición de cascada, en movimiento de mar "toujour recomencé." Ese título, Los muslos sobre la grama, que convoca un cuerpo indeterminado y un indeterminado elemento vegetal, en relación de subordinación con los artículos masculino y femenino, de tan leve presencia, es una clave para declinar el verbo de los poemas, ausente del nombre propiciatorio del libro.

Entrar, mirar y ver son operaciones que el libro produce, aún antes de toda reflexión.

El marco, la lente, el objetivo de la cámara de fotos, la ventana fingida en un trozo de papel; recursos ficcionales para el ojo al modo de Vermeer, son el 'dentro de cuadro' (opuesto a lo que sería un "fuera de cuadro" en cine) que nos convierten en lectores-espectadores.

Espiar sin necesidad de esconderse, y desear espiar ese magma táctil y festivo, sería un procedimiento que nombra lo que consigue esta escritura.

El marco: una ventana como altar para los colores de la celebración de la vida, como el oratorio recamado del lenguaje y, al mismo tiempo, como el trazo irregular de carbón de un niño que delimita el territorio de un retablo; un teatro de títeres, un libro troquelado que se abre en una habitación en una casa en un suburbio de una ciudad, y es suficiente para restituir un inicio.

Insistencia, obstinación en crear una escena que puede o no ser de la índole de la 'novela familiar': recorte en que ocurre la secuencia de ideas. Allí la percepción se hace lenguaje frente al dibujo del empapelado de una pared que no podría ocurrir si se abriera la puerta, entrara otra luz o el universo entero pidiera otro modo de representación: no una visión del mundo, sino un mundo preparado para la visión que el poema construirá en esa experiencia.

Lady Godiva pasa por esa ventana, frente al mar de ese marco, ajena a la trampa que el texto abre continuamente: las palabras convocan una serie que no entra.

En un movimiento contrario, el yo del poema mira hacia adentro de esa ventana, mira desde arriba, mira desde adentro el adentro, y entonces aparecen elementos de 'lo fantástico' absolutamente verosímiles, o de 'lo real' envueltos en el aura de 'lo soñado'.

Compuesto en partituras visuales arma paralelos en el ordenamiento del mundo: cada cosa es nombrada otra vez, en el mismo, en otro poema, para garantizar la posesión en un ritual. Pero la mística que se insinúa es la de la escritura y pide sólo la fe de la lectura: la estética de Zapata es un continuum que estos poemas puntúan, a la manera de las viñetas que narran la historia completa de un hombre. (La cita a textos propios, que resuenan en quien haya leído lo que antecede en su obra, funciona como serie de ecos de la misma subjetividad, desarrollada en un tiempo que es el de la Historia, ajena a los textos que parecen borrarla, pero cuya data, en la sucesión de los libros, cuenta).

Dedicar los poemas escande el libro y es también un acto deliberado de orquestación: diversidad de sonidos e instrumentos convocados para una sola situación, pero cada situación construye a su vez el enunciado de un sentimiento: color y forma para recrear un mito, un prototipo, unos personajes, el horizonte de un recuerdo que ya se va, aún antes del fin del poema.

El cuervo de este universo, tan interpretado como significativo, no es el de Vallejo ni el de Poe: es el cuervo de Zapata. En la mezcla de idiomas y modos del idioma (el tú, las frases en inglés, las anomalías sintácticas que habilitan un sentido caprichoso que el poeta induce o el formato infantil de una gramática anterior al lenguaje) ese pequeño animal parlante se convierte en la enorme voz del testigo que reaparece, texto a texto, en homenajes no ingenuos, pero sí inocentes. Para un poeta peruano que reside en 'el país del norte', el cuervo, podría decirse, es el cruce entre las referencias a la tierra originaria y a la de adopción, pero es también el límite del vuelo que esa mixtura promete: más cerca de los árboles altos y de los patios que conectan intimidades, que de un destino de grandes cumbres y desolaciones sin figura humana.

Casi Las alas del deseo, un libro en blanco y negro que se matiza con densos acuarelados, en el abanico de un realismo que remonta a Chagall en lo celeste, a Magritte en su imaginería, a la estática de las mujercitas de Balthus, estableciendo el juego de las emociones que se preparan desde la letra: la razón del corazón se traduce como religión de lo visible. Así, lo doméstico se encuentra en el rango de los dioses y lo idealizado permanece en el rango de los pequeños paisajes de lo posible. En el borde del ojo, en la frase, en la grama, cuyo cielo tiene límite preciso y precisa adjetivación, y es salvaje pero está dentro del marco, la escritura articula poesía, y esa es la cuerda que esta música toca, ésa, la dulce melodía.

Miguel Ángel Zapata
y la sacralización de la realidad

Por Óscar Hahn

Existe una tradición del poema en prosa que atraviesa diversos espacios y tiempos. Se origina en el romanticismo alemán, continúa en el simbolismo francés, se prolonga en el surrealismo y desemboca en algunos autores posmodernos. Entre los rasgos que configuran esta tradición se cuentan: la creación de atmósferas encantadas, la invención de figuras afines a los personajes de los cuentos de hadas, las referencias a manifestaciones no convencionales de lo sagrado y las connotaciones o alusiones míticas. En Hispanoamérica pertenecen a este canon poetas como el venezolano José Antonio Ramos Sucre, la argentina Alejandra Pizarnik, y el colombiano Álvaro Mutis. Habría que agregar ahora un nombre más reciente: el del poeta peruano Miguel Ángel Zapata.

Uno de los aciertos de su poesía es la invención del personaje llamado el cuervo anacoreta; curioso pájaro que es convocado en tercera persona o cuya voz escuchamos directamente a través de sus monólogos. Es una especie de alter ego del poeta y una materialización de su inconsciente (en ocasiones adquiere el carácter de símbolo fálico). No es extraño entonces que muchos de los rasgos definitorios de su poesía se concentren en torno a esta figura: la atmósfera feérica, la fundación de pequeños mitos, la sacralización de la realidad, el empleo de adjetivos cromáticos (lluvia lila, árboles morados), entre los que destaca el color azul, y la presencia de elementos naturales de gran brillo y pureza, como la nieve, el sol y el cielo, todos correlatos de esferas superiores.

Agreguemos que el mundo fundado por los textos se mueve en esa zona que une la vigilia y el sueño. Son visiones que se gestan en la simbiosis entre la fantasía y la realidad contingente. Esto se aprecia con meridiana claridad en uno de sus mejores poemas; el titulado "La iguana de Casandra". De acuerdo con la información biográfica que manejamos, todos los factores que Zapata pone en juego aquí provienen de experiencias reales. Casandra, efectivamente, es una de sus hijas, y la iguana era su animalito regalón. Sin embargo, estos y otros elementos adquieren un aura de irrealidad, gracias a las connotaciones de las palabras Casandra e iguana. Sabemos que la Casandra mitológica está ligada a las artes adivinatorias y que la iguana, ese pequeño dragón, todavía carga con su pasado mítico. La irrealización de lo real es una de las técnicas más productivas de Miguel Ángel Zapata.

He mencionado antes a Ramos Sucre, Alejandra Pizarnik, y Álvaro Mutis, como integrantes de la misma tradición a la que pertenece Zapata; pero hay un punto esencial en el que el peruano corre con colores propios. En las prosas de Zapata no hay nada alucinante ni perturbador ni funerario. Lo que hay en cambio es una actitud de exploración y reconocimiento de las maravillas del mundo, que son también las maravillas de la escritura. La poesía de Zapata no es un diario de muerte. Es más bien un diario de la vida leve, como lo llama él mismo. Emblemático de esta filosofía es el poema "Los muslos sobre la grama". El poeta está visitando un cementerio y de pronto divisa a una muchacha que viste shorts y que pasa corriendo entre las tumbas. Es una visión que lo induce a la siguiente reflexión: "Y volví a pensar que la muerte no era un tema de lágrimas sino más bien de gozo, cuando la vida continuaba vibrando con los muslos sobre la grama".

Al invertir el orden cronológico, el desarrollo poético de Zapata culmina –por ahora- con el libro que inaugura Ensayo sobre la rosa. En Un pino me habla de la lluvia (2007) reaparecen los rasgos que ya hemos descrito, pero amplían su registro y lo intensifican, no solo a través del poema en prosa, sino también del poema en verso. Lo cotidiano y lo familiar siguen siendo la fuente de su poesía: los hijos, los vecinos, el barrio, la bicicleta.

Mención aparte merecen el perro y el loro regalones, a los que dedica dos hermosas elegías. A lo que habría que agregar el paisaje de Long Island, lugar donde reside el poeta. Este estrato de realidad siempre está rodeado de una atmósfera afín a los cuentos de hadas. Ni siquiera en los textos sobre la gran urbe Zapata es un "poeta en Nueva York" a la manera de García Lorca. Si la cosmovisión neoyorquina de Lorca se caracteriza por el acromatismo, la asfixia y la angustia, la de Zapata está llena de colores, de aire fresco, de cautelosa felicidad, ya sea que pasee por el Bronx o por el Central Park.

En este libro las ventanas son un símbolo recurrente: un vínculo con la magia del paisaje exterior, una salida de cualquier encierro. "Los edificios sin ventanas son una cárcel cerca del cielo", dice el poeta. En cambio, García Lorca, incluso cuando transita al aire libre, por las calles de Manhattan, se siente encerrado por los rascacielos y por la muchedumbre. Una actitud completamente opuesta tiene el personaje femenino que Zapata introduce en el poema "La cuerva en Nueva York" (feliz complemento del cuervo anacoreta). Cuando la cuerva se adentra en los barrios de la ciudad, lo hace para disfrutar de "los placeres de la vida dulce".

Los poemas de Ensayo sobre la rosa son prácticamente "áfonos". En vez de pronunciar sonidos o producir ruido ambiental, emiten imágenes como en sordina; visiones silenciosas que tienen la limpidez de un cielo sin nubes. Ellas son el registro de una forma de vida que no deja huellas de sangre en el texto, sino el rastro de un poeta singular que se interna con regocijo en el valle sagrado de las letras.

La obra poética de Miguel Ángel Zapata se destaca entre las voces más originales de Hispanoamérica a partir de 1980. Esto se comprueba en la impecable antología que ahora se publica. Ya lo había anticipado el mismo Álvaro Mutis en una breve nota que ahora cito: "La poesía de Miguel Ángel Zapata es una poesía profundamente personal y en extremo rica en posibilidades e imaginación, un rigor y una continuidad en su trabajo poético, que no son comunes en nuestro continente tan poblado de talentos y tan escaso en verdaderos artesanos de la poesía". Yo no hago más que corroborarlo.

Epílogo a Ensayo sobre la rosa. Poesía selecta 1983-2008. Lima: USMP, 2010.

La última rosa
Fragmentos de una manzana
y otros poemas de Miguel Ángel Zapata
Sevilla, Sibilina, Fundación BBVA, 2011

Por Malva Flores

Se ha objetado a la poesía su autoproclamada voluntad de ejercer, a manera de juez, el usufructo de la Verdad y, en ese ejercicio, convocar el poder de las "esencias" —como si de un tráfico de influencias se tratara— y cuya resultante fuera la expresión de una o varias certezas que, en el mundo de hoy, nos dicen, resultan si no ridículas, sí, al menos, patéticas. No es un reclamo reciente. La historia de la desavenencia entre la poesía y el mundo real viene de lejos y en ese ya largo debate se ha involucrado muchas veces la idea de que la poesía representa el cenit de la Alta Cultura, un edificio que la propia poesía debía derribar, dada su naturaleza revolucionaria. No me refiero aquí al sentido político que convoca de inmediato el término "revolucionaria", aunque también pese en esta discusión y, para no ir muy lejos, conviene recordar aquellas palabras de Roberto Bolaño y Jorge Boccanera a finales de los setenta, donde, después de criticar ferozmente a quienes consideraban los poetas representantes de la Alta Cultura (en cuya cabeza sitúan a Octavio Paz) exigen que la poesía ya no sea vista (y escrita) "como un cubículo universitario, ya no como un flujo circular de información, sino como una experiencia viva, lenguaje vivo, autopista de cabellos largos".

Hoy parece que la polarización ideológica de aquellos tiempos ha terminado, al menos para la mayoría de los poetas que son los hijos del siglo XXI, muchos de los cuales vuelven a las formas y actitudes del pasado de manera acrítica, lo que no es bueno ni malo: sólo es una forma natural de la renovación. Sus arranques escénicos, su búsqueda en la revolución y fusión de las formas a partir de los lenguajes y posibilidades habilitadas por la tecnología suponen, de fondo, una actitud similar a la de los poetas vanguardistas, sin su dejo ideológico y sí con el deseo de hacer de la poesía una "experiencia viva", un "lenguaje vivo", aunque sea, muchas veces, virtual. Pero la poesía ha sido siempre un asunto virtual.

Ante la andanada de reclamos a la poesía que se ve a sí misma como la poseedora de la verdad sin advertir su tufo solemne, cabe preguntarse si no ha operado aquí una confusión: los poetas no son la poesía. Aunque el valor de la sinécdoque, en poesía, es inobjetable, en este caso la naturaleza arbitraria del tropo se convierte en error de percepción. ¿Quién o quiénes apelan a las certezas? ¿Quién o quiénes creen que su función es revelar la verdad?, ¿Cuál verdad? ¿La suma de las verdades individuales es La Verdad? La palabra Verdad convoca siempre a su opuesto y me asalta a cada paso aquella idea que ve en las novelas "mentiras contagiosas", según nos dijo Volpi. ¿El poder de contagio de la poesía se ha eclipsado porque busca "la verdad", o son los poetas quienes lo han socavado? Son los poetas quienes han perdido a sus lectores, sostenidos tal vez del clavo de sus certezas. La poesía es otra cosa, ¿o no?

No voy a ser yo quien venga a decir alguna verdad en un asunto que lleva siglos discutiéndose. La segmentación de la vida y la cultura nos presenta el mundo como una serie de imágenes inconexas, donde es difícil encontrar el hilo que las anude y, más aún, la revelación de una verdad que sólo nos podría mostrar nuestro propio desasimiento, la falta de río (y no de autopista, como quiere Bolaño).

Miguel Ángel Zapata, el poeta peruano avecindado en Nueva York desde hace ya varias décadas, busca ese río. No es la suya una búsqueda heroica, aunque sí es de naturaleza romántica. Autor de un puñado de libros (Poemas para violín y orquesta, Lumbre de la letra, Escribir bajo el polvo, El cielo que me escribe o Cuervos, entre otros), en el título de otro de sus poemarios sintetiza toda su poética: Un pino me habla de la lluvia.

Resultaría tal vez sorprendente atestiguar que la búsqueda del río se hace a orillas del Hudson, en la Urbe de Hierro, como se le llamaba a Nueva York, y no en los bucólicos paisajes de algún sitio remoto en su Perú, o en la temblorosa fiebre de la Amazonia. Miguel Ángel no es un poeta telúrico. Sabe de la dificultad de apelar a esa voz, a esa entonación que canta la desmesura, porque "Hoy día es otro mundo", dice desde el puente de Brooklyn, en uno de los poemas que componen su último libro, Fragmentos de una manzana y otros poemas, donde Zapata reúne, como lo ha hecho antes, poemas inéditos y aparecidos en otras ediciones. Sus paisajes son los nuestros y aunque el poeta viaja más allá de la Gran Manzana, observa aquí como allá —en París, en Venecia, en Vallarta o Buenos Aires; en una estación de trenes, en una mesa, quizá, frente a un álbum de viejas fotografías, o en el jardín de su casa, regando las flores o alimentando gansos— los enseres, personajes y gestos de nuestra vida cotidiana y de ellos recoge los signos de una restauración por la palabra.

"Yo sólo escribo lo que veo, por eso camino". Crónica del paseante, el poeta no aspira a revelar una totalidad, no cree en el vago edificio de la patria, como recuerda el epígrafe de Fragmentos…, donde Zapata nos dice, con Pessoa: "Prefiro rosas, meu amor, à pátria, / E antes magnólias amo / Que a glória e a virtude."

La patria es la memoria. En ella aún pervive el eco de una esencia que no son "las esencias", sino acaso un rumor, un tun tun que sobrevive:

> Dime piedra de las alturas, cómo llegaste a mi corazón perdido entre tantos rascacielos? Cómo te hiciste claro de río/ Urubamba/ tambor de cielo, brisa de piedra que nos persigue? ¿Por qué se agrieta el aire como un puma hecho frase, cola de pájaro errante/ lenguaje del valle/ voz de la otra que te dejó en la altura de la piedra/ solito ante un reloj que te daba la hora, que te daba todo lo que no querrías?: La ventana dice algo de su eco, de la otra voz encontrada en su armadura, de su glacial de tinta verde, de su alta selva que retumba en mis palabras…

Y frente a esa alta selva del recuerdo; ante la otra, selva del asfalto, aparecen los enseres de una domesticidad asequible que nos dice: "la vida es todavía". Para el poeta extranjero —pájaro o árbol "en medio del ruido y la indiferencia"— surgen también los sonidos de "un idioma / mutilado por la duda" y la conciencia de otros muros sordos, como aquel que se construye "en la frontera para suplir el / hondo vacío de las torres". Asedio contra la muerte que ronda todo el libro, la poesía es una barca que se alza no como una Verdad, sino como la suma de las pequeñas verdades que hacen posible la vida. La lengua es la patria verdadera, es la madre que canta los lirios. Lengua y madre son —unidas, transfiguradas por la insistencia de la memoria y la palabra— "la última rosa sin llagas".

Más allá de los poetas, la poesía permanece, todavía, sin llagas. Algunos poetas pueden mirar el rostro de la poesía en el espejo fragmentado del mundo y hacer de ella un hilo que devuelva al entramado su forma verdadera. Por eso, Miguel Ángel Zapata puede aún decirnos: "El domingo pasado leía con esmero a Francis Ponge. Callado me decía: abraza una puerta, siente el umbral de sus arcos, atraviesa su temor hacia el aire nuevo de su aldaba. Ahí está la poesía."

En Literal-Voces latinoamericanas # 28.
México, Primavera 2012

DE LOS SANTOS DÍAS

Por Miguel Casado

La palabra acorde reúne el acuerdo y la armonía, el impulso musical, el encuentro. Y podría definir las primeras páginas de Cancha de arcilla, donde sencillos movimientos de la vida cotidiana, de la más familiar y próxima a la intimidad, se desarrollan con el mismo ritmo que los movimientos elementales del mundo –"la bicicleta de mi hijo rueda con el universo"–, los de sus seres vivos, de sus constituyentes físicos. Ambos planos se acuerdan y armonizan en una voz afirmativa, con la simplicidad de la evidencia. Así, los poemas aparecen llenos de ventanas que se convierten en signo de un tránsito continuo, de un intercambio y circulación en que el yo trata de sentirse a sí mismo sin límites con todo lo que a su alrededor existe: no sólo hay ventanas en la casa, las hay en medio del campo, en las copas de los árboles, y al otro lado de ellas siempre se percibe el cielo. Y éste es valor máximo: como si fuera lo más valioso y verdadero del mundo –la vista abierta, lugar del vuelo, suprema libertad de lo ilimitado– y, a la vez, pudiera trascenderlo, explicarlo y darle sentido desde encima de él.

Construido con estos gestos y valores, el poema se sitúa, más allá del deseo y del gesto afirmativo, en el ámbito de la celebración: el puro sentirse vivir en medio del mundo merece ser celebrado, y en esa clave se interpretan los actos de los seres: "El cuervo vuela en círculos por la copa de los pinos / dándonos la bienvenida y el buen augurio para la noche". Y, si digo sentir, sentirse, es porque estas señales llegan al cuerpo como exaltación de los sentidos, como estado de júbilo en que no cabe elaboración ni explicación racionales, que no puede entenderse; pero que, en la medida que escapa a la comprensión, se va haciendo más real. Ahí es donde interviene la escritura como forma de estar en la vida.

En uno de los textos se repite un consejo, casi una norma: "escribe sin parar"; del mismo modo que el mundo se mueve sin pausa, que no cesa en su ser –acciones, lugares, tiempos–, para Miguel Ángel Zapata, escribir no es un gesto aislado, un detenerse y fijar, algo que se abstraiga del curso de los días. La escritura viene a ser la ventana, el conducto de comunicación permanentemente abierto: "desde la ventana veo la nevada y escribo lo que la nieve querría", "esta tarde disfruto del texto de las luces, aquella morada de azul inexplicable: escribo boca arriba sobre el pasto, sin mesa ni casa, deleitoso de la grey del firmamento". La celebración se realiza en cuanto palabra, y ésta crece al dictado del mundo, como escucha de las voces que no cesan de manifestarse en él: "ves la primera letra en el paisaje, abres la ventana y ahí la morada del cielo".

La primera toma de contacto con Un pino me habla de la lluvia –el extenso libro de 2007 que abre la selección de poemas de Cancha de arcilla– viene marcada por este tono, que va a prolongarse después ampliamente en el resto de la obra. Sin embargo, una vez asumidos el impulso y el espíritu, al seguir leyendo, habría que volver sobre los pasos dados, registrar otros matices. Observar, ante todo, la prosa de Zapata: su sentido celebratorio y jubiloso es, a la vez, como ya he dicho, elemental sustancia cotidiana, médula del vivir de cada día, y esto obliga a descargar el énfasis, a rebajar la solemnidad, a reconducir la exaltación en sucesión de sencillos gestos. La referencia a Francis Ponge, en el segundo poema del libro, quiere quizá reivindicar una prosa-prosa, no "poética", no concebida como un paralelo del verso, sino curso nítido, limpiamente enunciativo, cristalino en su condición directa. Un himno transformado en diario.

Por otra parte, entre los primeros poemas de la recopilación, entre las huellas en ellos de lo cotidiano, hay también textos que evocan episodios de pérdida, de sufrimiento; por ejemplo, los que refieren la muerte de animales domésticos: el perro, el loro. Cuando desaparece el perro, las ansiosas actividades de búsqueda hasta que se conoce que ha sido atropellado transmiten dolor, incluso si apenas se nombra como tal y se evitan los tonos patéticos. O, en el segundo caso, se dice: "mi loro era un pedazo de cielo en este mundo de miedo", constatando la diversidad de las experiencias, aunque no se hable por igual de todas ellas y el despliegue de los poemas se coloree casi siempre en un mismo tono. El miedo aparecerá del mismo modo indirecto otras veces, igual que la preocupación por el paso del tiempo, y sus poco marcados retornos avisarán de otras líneas, otros fondos del sentido, que impiden identificar los límites del mundo con los límites del poema –más restringidos– y que demuestran que el espacio de esta poesía es una opción, un tomar partido –digamos– por el cielo: "una ciudad rodeada de montañas / está sitiada por el miedo", "en las ciudades rodeadas de mar / el horizonte no termina".

Algo más sobre esta opción. "Es agradable pasear en tu auto por la carretera con las ventanas abiertas, y el sol arriba derritiendo el ligero terror de nuestras pesadillas": ese lugar de comunicación es del cuerpo, sensorial, y el liberador encuentro con el mundo se manifiesta como goce corporal, como estado placentero. A esos momentos se les llama felicidad, haciéndose eco de unas palabras de Borges: "Al cabo de los años he observado que la belleza, como la felicidad, es frecuente"; el lado positivo, optimista, de la frase, no oculta su componente casuístico: no hay, en este ámbito, absolutos, sino frecuencias, probabilidades, momentos computables, uno a uno. La felicidad sería un estado efímero, incomprensible racionalmente, de apertura al mundo, de recepción en sí del mundo; el poeta es quien consigue, cada vez, alguna vez, escuchar su sonido. Más allá de esos momentos e incluyéndolos, la vida será un ciclo como el del corazón o el de los pulmones: llenar y vaciar: la tensión, el dolor, el descanso, el placer: "Ahora desalojo mi alma del polvo y de la nieve: la vacío desde la cima, con una vela para dormir".

A veces, hay otros personajes, aparte del yo, en los poemas; pero la condición reiterada de esos felices encuentros con el mundo es la soledad. El cuervo que atraviesa volando muchos textos –interlocutor, alter ego, intercambiable a veces con cuerpo– es descrito como anacoreta, y con él llega el eco de Poe –"surgió un majestuoso cuervo de los santos días de antaño"–, que captó su poderoso vuelo solitario, pesado y lento en el arranque a causa de su envergadura, pero seguro y potente, eremitas en los rastrojos y las riberas. Y favorece la imagen, predilecta en el impulso del poeta, de la elevación.

Es en la confluencia de todos estos elementos donde se sitúa el carácter religioso de la poesía de Miguel Ángel Zapata. Y no sólo por el papel que en ella ocupa la plegaria: cuando se recita la oración por los insomnes de Rilke en medio de la soledad nocturna, o cuando se dice: "Las oraciones no llegaban a mi alma, se quedaban afuera entre el humo de las calles. Orar es subir a la cima de tu alma". Sobre todo, por las formas de manifestarse el permanente impulso de elevación: una absorción por el cielo, que a veces evoca el símbolo del monte bíblico y cristiano; así, esos monolitos basálticos coronados por un templo, como Saint Michel de l'Aiguilhe, junto a Le Puy-en-Velay. Subir a la cima, elevarse, volar, recuperan –trascendida la imagen de las ventanas– la raíz originaria de religio (y me gusta evocar el libro extraordinario de Carlos Piera, Religio y otros poemas, aun tan distinto): el vínculo con el mundo, el perseguido encuentro, un contacto con las cosas que existen vivido como historia interior –plegaria– en el campo de juego de la soledad. Escuchar el sonido incluso de las piedras, inundarse de mundo la mirada, atender: la religio sería una práctica, un sustantivo activo, un ascenso que tendería a la vez hacia dentro y hacia fuera. Recupero palabras ya citadas, devolviéndolas a su contexto, el del poema titulado "La lengua que yo quiero": "Un arcoiris en el tedio de la casa salva la mañana. [...] Así sobrevivo protegido por los siete rayos y aquellas nubes que festejan al Creador del todo y de la nada; por eso escribo lo que el arcoiris me dice: desde mi ventana veo la nevada y escribo lo que la nieve querría, y escribo lo que veo y lo que quisiera…"

Y, sin embargo, leer así Cancha de arcilla, por mucho que éste parezca su flujo, no es suficiente. Hablando del entrañable perro, se dice: "No tiene memoria, por eso es feliz", y quizá se insinúa una confesión que queda suspendida; como a veces ocurre en Juan Ramón Jiménez, cuando la negativa a ocuparse de la memoria protege el cuidadoso esfuerzo de una construcción libre de sombras. Y en el libro de Miguel Ángel Zapata hay un elemento que genera intenso desasosiego, en muchas ocasiones por debajo o al margen de la literalidad de los textos: se trata de la inversión cronológica de la estructura. El volumen está ordenado en sentido contrario al transcurso del tiempo: el lector encuentra primero el libro más reciente y, según avanza en las páginas, va hacia atrás en la cronología. No es el primer poeta que lo dispone así, otros lo habían hecho antes, quizá con la voluntad de dar primacía en los ojos del lector a un estado de la reflexión estética, del lenguaje, que responda al criterio último de quien escribe. Pero, en mi lectura de Cancha de arcilla, este sencillo mecanismo no resulta transparente: si, en las primeras páginas, leo la muerte del perro, ¿cómo no pensar en ella cuando luego se refieran las felices andanzas de un perro que no sabemos si es el mismo?

¿Se oponen la inversión cronológica de la estructura y esa flecha del tiempo, que siempre señala en la misma dirección? Quizá porque se oponen, el lector, que inevitablemente tiene interiorizada esta última, se ve forzado a participar, a activarse, a construir la lectura como una creciente emoción propia, muy distante de la simple recepción de una crónica. Y la inversión funcionaría como un cono, un embudo, que va concentrando nuestra energía en un extraño viaje a la raíz de las emociones. "Mientras observo el paisaje pienso en la distancia del tiempo y aquellos que quieren quemar tus sueños": el lector recorre el proceso temporal al revés, hacia los cimientos personales de esta resistencia contra el tiempo, y el malestar de su origen acaba imprimiendo su huella en el balance de la lectura. El orden del libro, que tal vez intenta subrayar el presente, acaba abismándonos en la memoria. La duda, la sombra, están atrás en el calendario, adelante en el curso del libro, y cabe preguntarse: "Entonces, ¿cuál será el rumbo del poema?". Al final, más allá de la última página, casi sin acceso, estará la infancia: infans, lo que no habla; tras la última página, hay un silencio que imanta, hacia el que se obliga a mirar al lector: "Ni una sola alma en las calles que te indique algo, ni un solo saludo de los que solías dar a tus vecinos al otro lado del mar". Y no se sabe cuánto pesa esta imagen, si pendularmente pesa tanto o más que las del principio, también aquí cielo: "Hay un movimiento circular de día domingo que va hacia el cielo, hacia el limbo de fantasmas que no podemos ver: la tierra al revés".

Escribo estas páginas el mismo día en que se juega la final del torneo de Roland Garros, apenas un par de horas antes de que empiece; con un título como Cancha de arcilla –lo que en España se llama con extraño galicismo tierra batida–, he de aludir a ello. En el libro hay dos poemas de tenis: en uno se resalta la competencia, la rivalidad, la fuerza física que se ha de emplear para imponerse al contrincante; en el otro, se admira la delicadeza y la elegancia de los movimientos de Gabriela Sabatini, la antigua jugadora argentina, sobre la pista. Próximos en las páginas y tan distintos, como el movimiento también pendular de las cabezas de los espectadores de este deporte. Las largas horas al sol, el brillo anaranjado de la arcilla, la piel que va tiñéndose del mismo color, el teatro del mundo.

Toulouse, junio 2008

(Texto inédito)

El susurro de las rosas.
A propósito de la poesía
de Miguel Ángel Zapata

Por Roger Santiváñez

La rosa —como símbolo de la belleza o de la poesía- tiene una larga y fecunda historia en la lírica universal. En el ámbito peruano —tradición inmediata a la que se entronca Miguel Ángel Zapata- tenemos los referentes insoslayables de Martín Adán y Xavier Abril. Nuestro poeta —desde el título del libro que presentamos- está aludiendo a dicha línea. En efecto 'Ensayo sobre la rosa' es una recopilación antológica de la obra de MA Zapata en un arco temporal que va de 1983 a 2008. Por el tiempo de su aparición en la poesía peruana nuestro autor pertenecería a la generación de los 80s, pero debido a su ausencia temprana del Perú y sobre todo, a su voluntad solitaria, Zapata es una especie de islote apartado en el archipiélago de las didácticamente acomodadas generaciones de poetas peruanos en la segunda mitad del siglo XX.

Ya desde su primera colección Imágenes los juegos (1987) nos encontramos con uno de los formatos preferidos de Zapata: el poema en prosa. Desde Baudelaire y Rimbaud el prestigio de dicha stanza concita nuestra atención. Una sosegada reflexión sobre la extraña experiencia de vivir, a partir de la contemplación y la observación detenidas del mundo —y de la poesía- informan su composición. Y con ecos de Baudelaire también en el concepto: "Hacer un poema es como un burdel lleno de colores, de luces de piel que ciegas te persiguen. La tentación está en el llamado: dormir o perecer: he ahí el tedio que ensombrece los cantos". Otros temas: la mujer –elemento central en toda la poesía Zapatista- los innumerables viajes y la propia literatura. También la familia, la casa, el patio, las mascotas.

Esta escenografía vuelve a aparecer en su siguiente trabajo Poemas para violín y orquesta (1991). Pero aquí destaca la cuestión existencial. Una angustia perenne recorre el poemario ante el abismo de la nada. Y también nos ofrece – a mi juicio- uno de los textos más logrados de Zapata 'Alhucemas para William Carlos Williams' cuyo remate reza: "el temor de caer con el / mundo, me refugio en las hojas de los / pobres, en los hospitales solitarios, / en tu cintura, tus rodillas, en la / hierba que crece hasta tus tobillos". Como vemos el problema existencial se resuelve mediante el erotismo. Esto es usual en la poesía de nuestro autor. Todos los conflictos metafísicos se solucionan –como afirma en otro texto- con "un / cuerpo de mujer / sobre las espumas / del mar brillándome / el pensamiento".

En Lumbre de la letra (1997) entran los cuervos, oscuras y literarias aves –recordemos a Edgar Poe- con las cuales parece identificarse el poeta. Pero a diferencia del gran norteamericano aquí los cuervos no significan muerte y desolación sino pura vida. Para muestra un botón: "Yo aquí con mi pico curvo soy hermoso: me desea la cuerva blanca que vive en la Nevada, mi negrura es divina y en la miel descansa con la blanca tinta que brota de su cueva rumorosa". En este conjunto está el poema 'Las nueve esferas" donde el talento estrictamente lírico de Zapata brilla por sí solo: Baste con la primera línea: "Cien globos de luz a lo lejos perlas de flores en llamas" suerte de fusión surrealista y neobarroca.

Su siguiente obra Escribir bajo el polvo (2000) probablemente alude al desierto, aquel vivido por el poeta durante su experiencia docente en el sur-oeste de los Estados Unidos, y al mismo tiempo la reminiscencia de su Piura natal, allá en la lejana costa norte del Perú, albergue de la rica hacienda paterna, rodeada por el inclemente desierto al filo del valle del Bajo-Piura, río solitario que desciende desde los Andes –más arriba de Chulucanas- y que se presenta en la poesía de Zapata como el espacio de la inocencia perdida y la renovada utopía de la memoria reencarnada. Así nos encontramos con "En mi patio tengo un rosal y un río de leche que amanece". Punto de partida para nuestra caprichosa elucubración de la obra zapatiana como un susurro de rosas.

"Una rosa húmeda te cabalga como /un jinete que nunca conoció" Y más adelante: "Una rosa tupida se agita y relincha / sobre mi cuerpo de sal", es lo que dicen los versos, pero en realidad –desde el comienzo de este poema llamado 'Tumbes' sabemos que se trata de "Aquella muchacha de ojos verdes / se pasea por una playita solitaria / con su deslumbrante cabellera, / trotando sobre un caballo negro". Entonces, como afirmábamos al principio de esta breve alocución, la rosa es la musa inspiradora del poema. Este texto es del conjunto La octava estación (2002). Y en un poema de este libro Zapata junta la rosa con otro elemento fundamental de todo su universo poético: la ventana. A lo largo del volumen que comentamos, ventanas o ventanales nos informan de su colocación inmejorable para la contemplación del mundo y de la realidad que ofrece el poeta. Realidad real –diríamos- y mundo interior y/o representado. El texto al que me refiero se llama 'Saint Escolástica' y empieza: "Ahora observo la rosa desde la ventana en el cuarto de la rectoría". De pronto surge la memoria de Emily Dickinson y el lugar es el claustro ideal para componer poesía.

Pero no todo es santidad en este reino y menos en la gran ciudad, como queda claro con el poema que inicia esta estación: 'La cuerva en Nueva York'. Así lee: "Me voy de juerga me dice la cuerva / negra del Bronx: bajaré a la ciudad, prenderé las luces y la ceguera de la / sombra será solo un mito bajo los / rascacielos. Me voy de baile, me dice / airosa, mi vestido rojo ceñido será la / novedad del jolgorio, y estas húmedas / alas se abrirán sin demora al primer / paseante".

El último libro que integra el volumen Un pino me habla de la lluvia (2007) está configurado por otro libro denominado Escrito en Nueva York (2001-2006) en el que encontramos el poema que da título a la recopilación Ensayo sobre la rosa que constituye un logrado estudio sobre la más poética de las flores. Desde la gran tradición de Blake, Rilke o Borges, nuestro poeta traza su diseño personal sobre los distintos tipos de rosa, con un fraseo que nos transporta a los paraísos equidistantes de la impalpable ilusión de la belleza. Así aterrizamos en Chulucanas junto a la madre, o en California al lado de las hijas del poeta. Y al final un florero nos suplica: "déjame ver la ceniza, después la rosa". Es decir, la muerte o el deterioro no tendrán dominio –como dijo Dylan Thomas- porque la belleza surcará los aires de la eternidad, con el susurro de las rosas –transfiguración de la mujer, en suma- que permanecerá viva por siempre –por lo menos en el corazón del poeta y sus hipócritas lectores baudelerianos- más allá de la muerte y la destrucción. Aunque el mundo esté próximo a las cenizas –como lo prueban los tsunamis y bombardeos de la actualidad- la rosa quedará, la rosa queda, prístina, igual que la poesía, para acariciarle los pétalos y llegar a la utopía de su fragancia inconquistable. Miguel Ángel Zapata lo sabe y así nos lo expresa en su canción.

[Texto leído durante la presentación de Ensayo sobre la rosa. New York, Librería Mc Nally & Robinson, marzo 2011]

Ojos que dicen algo inexplicable sobre la poesía de Miguel Ángel Zapata

Por Carlos López Degregori

En uno de sus ensayos, Ezra Pound explica que la poesía, más allá de los significados que es capaz de transmitir o sugerir, puede ser impulsada de tres maneras. La primera de ella es la "melopeia" que destaca los componentes sonoros, musicales y rítmico-fonéticos del texto; la "logopeia", en cambio, resalta las capacidades reflexivas del lenguaje poético y concibe a la poesía como instrumento de conocimiento; por último, está la "fanopeia" que privilegia la fuerza de las imágenes visuales. Estos tres impulsos coexisten en cualquier poema, por supuesto, articulados en un complejo sistema de gradaciones y jerarquías; pero es cierto, igualmente, que cada poeta- o texto, si ustedes prefieren una concepción más despersonalizada de la actividad literaria -privilegia alguno de ellos. Creo que la "fanopeia" ha estado presente en casi toda la poesía de Miguel Ángel Zapata desde su libro Imágenes los juegos (es elocuente que este poemario refuerce en su título la relevancia de la imagen) y cobra una fuerza considerable en este su último libro, Un pino me habla de la lluvia.

Estamos, sin embargo, ante una "fanopeia" que supera el valor compositivo de la imagen en la estructura poética, y que privilegia, en cambio, su esencia más inquietante y reveladora: la visión. La poesía es para Miguel Ángel Zapata mirar, y el poema es el resultado feliz de ese acto perceptivo: la huella en palabras de otra huella más profunda, los trazos indelebles de lo que vimos. Hay, por supuesto, muchas formas de visión.

Con nuestros ojos podemos ordenar, tergiversar, oscurecer; podemos proporcionar revelaciones y tornar elocuente lo escondido; o podemos empañar bajo apariencias y ropajes los elementos de nuestra contemplación. La mirada de Zapata es limpia y su fuerza está en la capacidad de evidencia que posee. Creo que el primer texto del libro lo dice con toda claridad:

Un pino me habla de la lluvia

> Para mi hijo Christian Miguel
>
> La bicicleta de mi hijo rueda con el universo. Es sábado y paseamos por la calle llena de pinos y enebros delgados que se despliegan por toda la ciudad.
>
> El sol cae en nuestros ojos por la cuesta mientras volamos con el aire seco del desierto y los piñones ruedan por las calles con el viento. El sol baja a las seis de la tarde en el invierno, y se va escondiendo por los cerros que se enrojecen con su sombra.
>
> Los ojos de mi hijo brillan como perlas y me dicen algo inexplicable. Las ruedas de la bicicleta mueven el mundo, muestran su agilidad y la gravedad del aire.
>
> El timbre se escucha como la buena nueva de la mañana: sus anillos de metal alegran la cuadra y forman ondas que trepan con los pinos hasta el cielo.

El poema llama la atención por su plasticidad y, con la excepción del timbre que se escucha en la mañana y que es una referencia sonora, todos sus elementos son colores, formas, contornos, luces, reverberaciones, desplazamientos. Hay una sentencia que es la clave del texto y tal vez del todo el libro: "Los ojos de mi hijo brillan como perlas y me dicen algo inexplicable". La referencia al vidente infantil nos remite a la inocencia;

estado que, en las coordenadas del libro, es la entrega a la contemplación sin mediaciones culturales ni reservas. Es el ojo limpio fascinado ante el desfile de las cosas y brillando en un instante de euforia al descubrirse en su propia fascinación. En una época en que casi toda la poesía es elegíaca y recorre vacíos, desmoronamientos, ausencias; la escritura de Zapata quiere ser una contraparte jubilosa de asentimiento y celebración del descubrir.

Hay otro aspecto que puede destacarse y que se conecta con el ejercicio de una forma textual. Desde hace varios años es constante en Miguel Ángel Zapata la insistencia en el poema en prosa y este libro no es la excepción. Quizá el poema en prosa con su flexibilidad y libertad ante los patrones rítmicos puede ser el mejor vehículo para la "fanopeia", y el autor alcanza en esta oportunidad, un manejo cada vez más pictórico –si cabe la palabra- y ajustado de esta forma literaria. Son estampas o "iluminaciones" en un sentido diferente del de Rimbaud, pues sólo quieren recoger la vertiginosa presencia del mundo. Incluso los poemas en verso atenúan los elementos sonoros para así privilegiar la fuerza descriptiva. Termino con un fragmento del poema "Una puerta":

El domingo pasado leía con esmero a Francis Ponge. Callado me decía: abraza una puerta, siente el umbral de sus arcos, atraviesa su temor hacia el aire nuevo de su aldaba. Ahí está la poesía.

Mira los pinos como vuelan con el viento del norte, como se balancean con la luna desteñida. Mira las aves, siente su vuelo, y después ve a casa y escribe sin parar.

No te canses de mirar el florero de cristal que corta la luz de la persiana y la desvía hacia tus dedos. Aquella piedra cadmea y las altivas señoras de Vikus fermentándose en la chicha con su sabor a pescado fresco.

Zapata ha atendido las palabras de Ponge y ha cruzado la puerta para entrar y quedarse en este libro de buena poesía.

---

*Texto leído el 16 de enero de 2007 en el Centro Cultural de España de Lima durante la presentación de Un pino me habla de la lluvia (Ediciones El Nocedal, enero 2007).

Evoluciones en *Cancha de arcilla*
Poemas en prosa
de Miguel Ángel Zapata

Por Rossella Di Paolo

> En el momento en que el tenista lanza
> magistralmente
> su bala, le posee una inocencia
> totalmente animal
> César Vallejo

No podría decirse que Miguel Ángel Zapata sea un hombre inmóvil. Sus viajes por distintas ciudades del mundo dicen lo contrario: Piura, Lima, Nueva York, Colorado, California, Madrid, Barcelona, Florencia, Venecia… aparecen en sus poemas. Sin embargo, también es un hombre inmóvil. Alguien que se asoma a su ventana, que observa su patio con el árbol y los geranios, que mira el canario en la jaula o a la iguana de Casandra en su terrario y se conduele; alguien que también está atado a la pizarra de sus horas de clases o que juega tenis en una cancha de arcilla.

Cancha de arcilla (Lima: Summa, 2021) se titula el libro que reúne los poemas en prosa de Miguel Ángel Zapata, y en las primeras páginas encontramos una suerte de arte poética sobre este género que Miguel Ángel ha desarrollado, por ejemplo, en El cielo que me escribe (2002) y en Imágenes los juegos (1987/2013). ¿Cuál es la relación entre una cancha de arcilla y un poema en prosa?

El poema en prosa es díscolo, capaz de juntar de modo inesperado prosa y poesía. El poema en prosa extiende sus alas de un lado a otro de la página con total libertad. No le interesa ceñirse a la delgada cintura de los poemas tradicionales. Solo obedece una regla: la musicalidad, como vemos aquí no solo en el perfecto ritmo de los poemas, sino en la alusión a músicos como Chopin, Haydn, Albinoni, o a instrumentos musicales como el laúd, el chelo, el rabel o el violín, o el mismo canto de las aves.

Aun cuando el tenis observe reglas, y aun cuando la cancha se halle estrictamente delimitada, ella nos invita a la libertad, al gozo del juego: allí dentro corremos, giramos, saltamos, damos golpes con el frente y el revés de la raqueta, y vencemos o perdemos con sudor, con miedo o alegría. Nuestras evoluciones en el piso de arcilla o en el aire son como una danza en la que aceleramos el paso o volamos tan libres como en los poemas en prosa. En el tenis no manda el azar, sino el empeño. En los poemas en prosa ocurre lo mismo.

He mencionado palabras como volamos y alas. Quizá sea tiempo de nombrar el ave por el que el poeta siente predilección. Me refiero al cuervo, ese "canario esculpido con carbón". El cuervo podría traer la carga enigmática de Edgar Allan Poe (enigma que es siempre la poesía, aun la más transparente). Enigmática y tanática para decirlo de una vez. Pero en la mirada de Miguel Ángel el cuervo, su cuervo, tiene un "pico jovial", erótico, a diferencia del célebre cuervo de Poe, cuyo pico maligno se clava simbólicamente en el corazón del enamorado, y tanto, que lo hace gritar: "¡Quita el pico de mi pecho!".

Vemos entonces que Miguel Ángel no solo opta por un género rebelde como es el poema en prosa, sino que también se rebela contra la tradición o el acartonamiento para llevarlos hacia la sorpresa, la belleza y la sensualidad, porque la vida es también eso, como subraya él mismo una y otra vez. Es así como su cuervo aparece trasmutado en una criatura musical, libre e incluso erótica. En otro poema una muchacha trota con agilidad entre las tumbas y el poeta le otorga a la muerte una dimensión vital. En otro, se habla del cielo azul o celeste de Lima, a contrapelo del cielo blanco atribuido hartamente a nuestra capital. Ejemplos así aparecen a montones, pero no quiero dejar de mencionar uno en particular, uno muy sorprendente: aquel en el que una mesera acercándose con las copas de vino se convierte en la súbita visión de la poesía. Y ante ella el poeta calla.

Sabemos que Marco Polo, mercader veneciano existió en la Edad Media, y que viajó hasta el Lejano Oriente, pero no sabemos si es cierto todo lo que relató en El Millón o El libro de las maravillas.

Siglos después en Ciudades invisibles (1972), Ítalo Calvino llevó a un imaginario Marco Polo a recorrer ciudades imaginarias, cada cual más rara que la otra, pero cuyas correspondencias simbólicas con nuestras propias ciudades son innegables. Se trata de ciudades que no vemos de buenas a primeras… pero que están allí.

Mientras leía los poemas en prosa sentía que de algún modo Miguel Ángel estaba metido en el pellejo de ese Marco Polo porque la maravilla podía irrumpir en su imaginación mientras iba en avión o en tren por el mundo, o al asomarse a su ventana, salir a su patio, a las calles, al campus…

Precisamente, en "Los canales de piedra", Miguel Ángel rinde homenaje a Marco Polo. En su visita a Venecia él deseaba conocer la casa del viajero, pero como la encontró cerrada le tomó una fotografía a los geranios de su balcón. La ventana tantas veces aludida en los poemas de Zapata "saluda" ahora al balcón de Marco Polo. Una suerte de guiño, de justicia poética.

Entonces leemos: "Marco me decía que no permaneciera por mucho tiempo en ninguna parte del mundo". Desde la familiaridad de llamarlo Marco, hasta ese consejo de moverse siempre, de no permanecer atado a una ciudad o a algunas personas es cumplido por Miguel Ángel, quien en sus poemas le da vueltas al mundo real y al mundo subjetivo de un modo fantástico: "A veces imagino ciudades, como tú, una ciudad dentro de otra, una plaza es mejor que todos los rascacielos del mundo", y así página a página leemos deslumbrados que hay pingüinos que dan saltos en inglés, ventanas en medio de la calle, álamos que dejan caer sus hojas como monedas ensangrentadas, bosques que son cuchillos, pájaros que alteran el color del cielo, pianos que se van hasta adentro de un río, astillas de la luna que se clavan en la ventana… Y gracias al arte de Miguel Ángel todo ello lo vemos y lo creemos a pie juntillas. Porque todo es posible de ver en estos poemas, todo es visual, plástico. No por nada el autor admira la pintura, y lo patentiza también en sus vívidas alusiones a Paul Klee, Edvard Munch, Bacon, Goya…

Algo hay del asombro que recompone el mundo con los ojos alucinados de los niños, algo entonces del largo celuloide (¡5 metros!) de Carlos Oquendo de Amat, o del Martín Adán invitándonos a su casa de cartón, o de Calvino conduciéndonos por sus ciudades invisibles.

Hijos y amigos, bosques y jardines, nieve y sol, mujeres amadas y mujeres de paso, canarios y cuervos, paseos a pie, en bicicleta, en tren… se suceden con gracia ante nuestros ojos.

Bienvenidos a estos distendidos, flexibles y bellos poemas en prosa, a estos mundos anchos y ajenos, a estos íntimos patios y canchas de arcilla en los que Miguel Ángel Zapata nos permite entrar para jugar y hallar la maravilla a todo lo que dé la imaginación…

Lima 18. VI. 2021

ENSAYO SOBRE LA ROSA

Por Ricardo González Vigil

Esta notable antología de Miguel Ángel Zapata, "Ensayo sobre la rosa (Poesía selecta: 1983-2008)", contiene un penetrante prólogo de Miguel Gomes, del que queremos citar el comienzo por la acertada síntesis valorativa que ofrece: "Desde "Partida y ausencia" (1984) la obra de Miguel Ángel Zapata (Piura, Perú) ha ido convirtiéndose en un muestrario de la lírica peruana posterior al conversacionalismo dominante en los años sesenta: naturalidad sin clichés "posmodernos", mesura expresiva sin anquilosamientos ni rigideces neoacadémicas y una continua perspectiva irónica, donde la ligereza jamás impide una densa captación de lo real. Esas tendencias, ya perfiladas en libros como "Poemas para violín y orquesta" (1991), se han intensificado desde "Lumbre de la letra" (1997), donde el autor articula definitivamente un lenguaje muy personal que ha desarrollado en varios títulos, entre los que se cuentan "Escribir bajo el polvo" (2000), "El cielo que me escribe" (2002 y 2005), "Cuervos" (2003) y "Un pino me habla de la lluvia" (2007)" (p. 9).

Radicado desde muy joven en Estados Unidos, junto con su decantada escritura poética, Zapata viene desplegando, incansable, desde hace dos décadas, una significativa labor como gestor de simposios, volúmenes colectivos, números monográficos de revistas (además de dirigir una revista de la neoyorquina Hofstra University, y antologías dedicadas a la poesía hispanoamericana contemporánea. Pocos poetas peruanos poseen una familiaridad tan estrecha con los aportes creadores de nuestra lírica actual, lo cual redunda en un diálogo muy expresivo entre sus poemas y las corrientes poéticas en curso. Resulta notable cómo actualiza la imagen del "cuervo anacoreta", el que llevaba pan para alimentar al ermitaño San Pablo, y que llevó dos panes el día que lo visitó San Antonio Abad.

Precisamente, la proyección internacional de Zapata ha generado que el reconocimiento de su obra poética se haya dado primero en panoramas y antologías a cargo de renombrados poetas y críticos extranjeros: el chileno Óscar Hahn; el colombiano Álvaro Mutis; los mexicanos José Emilio Pacheco y Víctor Manuel Mendiola, este autor de la antología de la poesía peruana última titulada "La mitad del cuerpo sonríe"; el uruguayo Eduardo Espina, quien recientemente nos entregó la selección "Festivas formas (Poesía peruana contemporánea)". Además, ha sido traducido al inglés, francés, polaco, italiano y portugués.

Una prueba elocuente del interés internacional es que la Universidad de Carabobo (Valencia, Venezuela) publicó una muestra de su obra: "Los canales de piedra (Antología mínima)" (2008). Como esa antología personal no ha circulado en nuestro país, con buen criterio la Universidad de San Martín de Porres acaba de editar este "Ensayo sobre la rosa", que facilitará que se aprecie como es debido a Zapata en el Perú.
Resaltemos aquí que la mirada peruana puede descubrir referencias locales que se les escapan a los lectores extranjeros. Por ejemplo, el poema "El Paso" (comentado por el prologuista Miguel Gomes) contrapone el poblado en la frontera mexicano-estadounidense a Lima, con su río hablador (Rímac) y ese viejo puente celebrados por Chabuca Granda: "Aquí hay un puente al revés y un río que no habla". (p. 22).

El Comercio, Lima de Julio, 2010

Un árbol cruza la ciudad de Miguel Ángel Zapata

Por Cecilia Podestá

Las ciudades están ya escritas en nosotros. No somos los árboles que las cruzan pero si las palabras que pueden describirlas y admirar la relación entre el concreto y una naturaleza que aún nos permite presentir y respirar buscando belleza.

La poesía es así, cito a Miguel Ángel Zapata, UN ÁRBOL DESCONOCIDO QUE CRUZA LA CIUDAD. Y entre el hombre, la palabra y la naturaleza persiste la necesidad de nombrar la soledad para el retorno a algún lugar que nos de la brisa de las hojas, verdes o muertas. Pero en este libro, el poeta se refiere al cielo que lo cubre todo, también como una jaula porque encierra o guarda todo lo que ya no podemos tocar, como la foto de la madre que apaga la noche mientras se prenden aves alrededor de su pelo negro. La poesía vuelve jaula o cielo las mesas en las que celebramos las palabras que nuestros muertos han escrito en nosotros. En esta mesa, Eielson nos habla de la soledad, porque la palabra reconoce el sentido del viaje.

Este libro es un gran viaje entre todas las ciudades nombradas y autores que se citan entre sus versos o caen como lluvia sobre la misma mesa en la que escribimos, comemos, nos miramos y vemos pasar la vida, los árboles, los bosques errantes que empiezan y terminan con nuestro llanto o con Chopin invitado a poner sus fantasmas sobre un mantel blanco y su música cerca del pan, el pescado y el vino, junto a la madre y los cielos que descienden cuando los muertos regresan a la mesa.

Este es un libro para el siguiente vagón porque celebra incluso la tristeza y los ríos oxidados y otra vez los muertos y las ciudades que amamos tanto. Con esto me refiero al poema "Lima", dedicado a Antonio Cisneros. Para terminar, me queda decir que sí, EL POEMA REGRESA COMO UN COCODRILO EN BUSCA DE SU PRESA, llorando; también regresa sobre las ciudades y confunde a los poetas con los árboles que las cruzan y se come todo, pero entre sus dientes, seguimos hablando con su corazón, su garra y su saliva, es decir, escribiendo siempre entre amor y el desgarro.

Un árbol cruza la ciudad. Miguel Ángel Zapata. Lima: Máquina Purísima, 2019/ Mexico: El Tucán de Virginia, 2020.

Hoy día es otro mundo.
La poesía de Miguel Ángel Zapata

Por Álvaro Valverde

Hoy día es otro mundo (Valparaíso Ediciones, 2015) es una antología que reúne poemas selectos del peruano Miguel Ángel Zapata (Piura, 1955), profesor principal de literaturas hispánicas en Hofstra University de Nueva York y editor, en esa ciudad, de Vuela un cuervo sobre la luna. Muestra de poesía española contemporánea: 1959-1980.

Con una cronología inversa, desde poemas recientes, de su libro inédito Uno escribe el poema caminando, hasta otros de dos de sus libros ya publicados: El cielo que me escribe (2002) y Lumbre de la letra (1997), Zapata ha armado un curioso artefacto que si por algo nos sorprende es por la luminosa imaginación que destila. Inusual, sin duda, al menos en nuestro ámbito más cercano, el de la poesía en español que se escribe y publica en España. Eso y, de inmediato, la personalidad de su apuesta o, lo que es lo mismo, la originalidad de su voz. Quiero decir que, sin renunciar a los inevitables débitos que cualquier poeta del siglo XXI acarrea (baste mencionar a su paisano Vallejo), Zapata construye una casa distinta -de arquitectura exigente- cuya propiedad nadie va a poner en cuestión. No al menos este lector, rendido a la riqueza verbal y, ya digo, imaginativa que se despliega a través de versos que en muchas ocasiones son líneas de poemas en prosa. Poesía o prosa, poco importa, de clara impronta musical, pues que la música (a la que dedica no pocos poemas) es parte esencial en su vida.

La palabra selva puede adecuarse bien a lo que uno siente al leer a Zapata. Allí, metáforas, símbolos (ventana, rosa, casa, puente, puerta) epifanías, lo real llevado hasta su deseable surrealidad. Sí, porque debajo del a veces aparatoso desplazamiento de recursos uno escucha palabras gastadas: padre (léase "Uno escribe el poema caminado"), madre (léase el impresionante "La noria"), hijos (Casandra, Analí, Christian Miguel), mujer… Y loro, gata, perro, caballo, iguana, cuervo… Historias, diría, reconocibles, conformes a la experiencia de cualquiera que, sin embargo, brillan aquí bajo otra luz; que se dicen, mejor, como si fueran realmente extraordinarias. Una vez dijo: "Prefiero una poesía transparente, pero compleja".

Zapata, atiéndase al título de la parte inédita, escribe caminando. "Siempre de viaje", añade en un prefacio que no lo es. Con él recorremos medio mundo: de su ciudad de residencia, que pasea a menudo, a sus tierras de origen; de Venecia, Montreal o París a no pocos lugares españoles: Barcelona, Logroño…

Zapata, en tanto que poeta, es un agudo observador: "es la vida que me cae sobre los ojos". Va siempre "con la poesía del brazo".

También se dejan ver con frecuencia reflexiones sobre la propia escritura, algo inevitable si tenemos en cuenta su vocación didáctica y su condición de estudioso: "La hora del poema, "Escribo en la ventana", "El espacio del poema es un río"… Destacaría además la sensualidad que destilan algunos poemas, como por ejemplo "Tobillos", aunque no sea el único donde el erotismo se eleva a la categoría de arte. "Cada día siempre es otro mundo", reza un verso suyo, que no deja de ser una poética. Y eso advertimos al leer esta pertinente antología que pone la feliz, vital y celebratoria poesía de Zapata (que publicó en 2011 y en la sevillana Sibila Fragmentos de una manzana y otros poemas) al alcance del lector español.

MIGUEL ÁNGEL ZAPATA
Y EL ESPACIO INTERIOR DE LA POESÍA[1]

Por Rolando Pérez
Hunter College, Nueva York

René Descartes comienza sus Meditaciones acerca de la filosofía primera con una serie de reflexiones sobre la borrosa distinción que a veces ocurre entre lo que soñamos y lo que percibimos como sujetos conscientes. Descartes se dirige de forma personal y directa a su lector en lo que es una de las descripciones más poéticas e inolvidables en la historia de la filosofía. Descartes escribe:

> ¡Cuantas veces no me habrá ocurrido soñar por la noche, que estaba aquí mismo, vestido, junto al fuego, estando en realidad desnudo y en la cama! En este momento estoy seguro de que yo miro este papel con los ojos de la vigilia, de que esta cabeza que muevo no está soñolienta, de que alargo esta mano y la siento de propósito y con plena conciencia: lo que acaece en sueños no me resulta tan claro y distinto como todo esto. Pero, pensándolo mejor, recuerdo haber sido engañado, mientras dormía, por ilusiones semejantes. Y fijándome en este pensamiento, veo de un modo tan manifiesto que no hay indicios concluyentes ni señales que basten a distinguir con claridad el sueño de la vigilia, que acabo atónito....
> (1977 9)

Con esta duda radical Descartes dio el primer golpe a la metafísica aristotélica, y abrió paso a la epistemología moderna; o mejor dicho, al nacimiento del empirismo y la fenomenología:

---

[1] Una previa versión de este ensayo se publicó en *Anales de la Universidad Central de Ecuador* 371. 2014: 561-567. Aquí aparece con algunos cambios menores del autor.

que conllevó a la diferenciación entre el mundo interior de nuestra conciencia y todo lo demás que existe fuera de nosotros; es decir, el mundo fenomenal de las cosas u objetos. Y ahora, se preguntarán: ¿Por qué empezar con todo un discurso filosófico cuando el tema de este ensayo es el de un poeta peruano contemporáneo?

Porque como diría Descartes, es "claro y distinto" que la poesía de Miguel Ángel Zapata desde su primer poemario, Partida y ausencia (1984) hasta sus dos libros más recientes, Fragmentos de una manzana (2011) y La lluvia siempre sube (2012), tratan de la inseparabilidad de los espacios que habitamos corporalmente y los espacios que habitamos con nuestra imaginación. En efecto, en la poesía de Zapata, las dos formas de espacio coexisten sin problema ninguno, ya que uno necesita al otro. La rigidez de una línea fronteriza que hizo que el filósofo francés cuestionara su conocimiento del mundo, no existe para Zapata. Zapata viene de una tradición que incluye a Baudelaire, Francis Ponge, Henri Michaux, su compatriota César Vallejo, Alejandra Pizarnik, y Gastón Bachelard. Por lo tanto, les propongo que la imagen de pensamiento que mejor expresa la relación dialéctica interior/exterior de nuestro poeta es la de la "ventana" a la cual se refiere constantemente en sus poemas: como una metáfora de síntesis. Pero empecemos por la casa—la casa imaginaria de Zapata.

La casa imaginaria

En "La casa imaginaria" del libro *Escribir bajo el polvo* (2000), Zapata escribe:

> Tu casa estaba en aquella colina que *viste* muy cerca del mar, allá donde *pensaste* con paciencia la disposición del alma de los pájaros

cuando cruzaban el horizonte arrastrados por las nubes. Tu casa está ahora en una colina sin agua… (2010 92, mis cursivas)

He puesto las palabras "viste" y "pensaste" en cursivas porque esta casa, como cualquier otra casa en la que uno vive, está construida por nuestros sentidos (visión), intuición (pensamiento), y palabras. Cierre sus ojos por un momento y primero imagínese la casa de su niñez, una casa hecha de años de recuerdos, y ahora cierre sus ojos de nuevo e imagínese la casa en la que vive hoy, en la actualidad, y se dará cuenta que la experiencia fenomenológica es casi indistinguible. Es decir, en ambos casos el espacio material de la casa es internalizado para convertirse en "tu casa". La casa, construida de imágenes y mundos imaginarios, engendra sueños de pájaros que atraviesan el horizonte "arrastrados por las nubes" (Ibíd.). La casa, "es nuestro rincón del mundo," nos recuerda Bachelard en La poética del espacio:

> Es—se ha dicho con frecuencia—nuestro primer universo. Es realmente un cosmos. Un cosmos en toda la acepción del término. Vista íntimamente, la vivienda más humilde ¿no es la más bella? Los escritores de la 'habitación humilde' evocan a menudo ese elemento de la poética del espacio. Pero dicha evocación peca de sucinta. Como tienen poco que describir en la humilde vivienda, no permanecen mucho en ella. Caracterizan la habitación humilde en su actualidad, sin vivir realmente su calidad primitiva, calidad que pertenece a todos, ricos o pobres, si aceptan soñar. (1965 28)

¡Y ahí está el asunto!: el reto condicional que un poeta como Zapata acepta de todo corazón—el de soñar con toda voluntad; y dejar, a diferencia de Descartes, que lo exterior penetre en lo interior: porque uno no vive literalmente en el medio de la nada. Cada uno de nosotros vive en algún rincón del mundo, en algún barrio que es propiamente nuestro. "Miren mi cuadra: está llena de árboles enormes, patios, y al fondo el colegio de mi hija," escribe Zapata en "Mi cuadra" en su poemario Escrito en Nueva York: 2001-2006 (2010 52, mis cursivas). Aquí una vez más, el poeta nos pide que miremos la cuadra donde él vive. "Miren" lo que yo veo. "Lo más hermoso de estas calles es que puedes salir a pasear en bicicleta", dice el poeta (Ibíd.), como si le estuviera hablando a alguien que está de visita en su barrio, en su cuadra, por primera vez; y precisamente lo más precioso de "estas calles", sus calles, es la libertad que le ofrecen de poder pasearse en bicicleta.

La ventana[2]

Uno ve el mundo desde adentro y/o desde afuera de la casa. Para Sartre el "infierno son los otros", porque el Otro tiene el poder de convertirme en un objeto con su mirada que me juzga. Y de esta manera el Otro me reduce a la misma otredad que yo le confiero a él/ella, al momento de convertirlo en objeto, cautivo de mi juicio. Pero por supuesto, esta es una dialéctica (hegeliana/sartreana), esencialmente agónica del Yo/Otro. Para el filósofo americano, George Herbert Mead, el Otro me "crea", en el mejor sentido de la palabra, igual que yo "creo" al Otro, en el sentido de una complicidad que compartimos para crear nuestros mundos. Siempre tenemos la opción sartreana de demarcar territorios y montar barricadas para que nadie entre; o por lo contrario, poner una ventana en el medio de la calle, como sugiere Zapata, y dejar que el mundo

---

[2] Sin contar los títulos de los poemas ("Ventana", "Mi antigua ventana", "Variedad de ventanas" de *Escrito en Nueva York*; "La ventana" de *La octava estación*; y "Escribo en la ventana" de *Lumbre de la letra*, la palabra "ventana(s)" aparece 66 veces en los poemas de Zapata.

exterior entre y el mundo interior salga. "Mira la ventana, está nevando", escribe Zapata en un poema titulado, "Una puerta" (2010 31, mis cursivas). Notablemente Zapata no nos pide que miremos la nieve, sino que miremos la ventana: porque después de todo no importa si miramos la "nieve" caer desde adentro o desde afuera. Lo que importa es la que la nieve es una experiencia que inspira al "escribir y escribir" (Ibíd.). En el poema en prosa, "La ventana" del poemario La octava estación (2002) Zapata escribe:

> Voy a construir una ventana en medio de la calle. Vaya absurdo, me dirán, una ventana para que la gente pase y te mire como si fueras un demente que quiere ver el cielo y una vela encendida detrás de la cortina. Baudelaire tenía razón: el que mira desde afuera a través de una ventana abierta no ve tanto como el que mira una ventana cerrada… (2010 69)

"It's not what you look at that matters, it's what you see", dijo Henry David Thoreau Está claro: lo importante no es lo que se mira sino lo que se ve. Es posible que al mirar a través de una ventana se pueda observar una habitación vacía, una mujer recogiendo algo del suelo, dos amantes jóvenes compartiendo una noche de verano en la entrada de una casa, etc. Y sin embargo, nada de eso importa. Lo importante es lo que se ve con el corazón y la imaginación, como bien lo comprobó Edward Hopper al poner a la vista tanto y tan poco que ver a la misma vez. Zapata, al igual que Baudelaire, entiende que la ventana cerrada nos ofrece un mundo de infinitas posibilidades. "Yo solo escribo lo que veo, por eso camino," declara Zapata en "Los canales de piedra" en La lluvia siempre sube (2012 41). Ver y observar objetos naturales y artificiales: puertas, árboles, hasta mascotas, es parte del mundo voyerista de Zapata. Y no, "voyerismo" no es una perversión; o si lo es, es la "perversión" de todo arte; ya que no hay arte o artista (escritor, pintor, o compositor) que no observe lo ajeno, que no se deje afectar por el mundo que lo rodea. Las manzanas de Cezanne son singularmente las manzanas de Cezanne y de ninguna otra persona. Para él las manzanas sabían exactamente como las pintó, como hacen los niños cuando se meten cosas en la boca: para saborear el mundo e internalizarlo. Sólo entonces lo conocen. Y así, una ventana es una imagen de pensamiento de síntesis: la síntesis kantiana de intuición y entendimiento conceptual, a la cual, Bachelard le añade el concepto baudelaireano de la síntesis poética, que, por supuesto, es muy parecido al de Zapata. Bachelard escribe:

> El espíritu filosófico discute sin cesar sobre las relaciones de lo uno y de lo múltiple. La meditación baudelaireana, verdadero tipo de meditación poética, encuentra unidad profunda y tenebrosa en el poder mismo de la síntesis, por la cual las diversas impresiones de los sentidos serán puestas en correspondencia. (1965 170)
>
> *Esta cita viene del capítulo titulado "La inmensidad íntima".

La prosa poética del mundo

Son numerosas las referencias a los árboles en la poesía de Zapata, y por casualidad, o quizás no, suelen aparecer en los poemas donde también se mencionan las ventanas. En "Ventanas" Zapata escribe:

> El mar tiene sus ventanas abiertas,
> y allá adentro siempre hay algo distinto:
> un árbol, una calle, tal vez el umbral de la felicidad.
>
> ("Ventanas" 2010 51)

Y en "Poema" escribe el autor: El poema está aquí en el árbol de tu casa. (2010 49)

La inmensidad del mundo se encuentra en nuestra casa. Bruno Schulz, el escritor polaco, autor de La tiendas de color canela y Sanatorio bajo la clepsidra, prefirió su pequeño pueblo nativo de Drohobycz a París, aun en el momento en que París era la meca de todos los escritores europeos de la época. En las callejuelas de su pueblo--y no en el bullicio de las calles sin árboles de Paris--Schulz conoció el misterio del mundo. "Devuelto a las fuerzas imaginarias, investido por nuestro espacio interior, el árbol entra con nosotros en una emulación de la grandeza", dice Bachelard en conexión a un poema de Rilke (1965 177). Entonces quizás no nos sorprenda que Zapata comienza su libro Escribir bajo el polvo con el siguiente epígrafe de Los cuadernos de Malte Laurids Brigge de Rilke: "Para escribir un solo verso, hay que haber visto muchas ciudades, hombres y cosas, hay que conocer los animales, sentir cómo vuelan los pájaros y saber qué movimiento hacen las florecillas al abrirse por la mañana" (2010 83). Estas palabras de Rilke resumen la poética espacial de Zapata.

En "La hora del poema" Zapata escribe:

> Es la hora del poema: ves la primera *letra en el paisaje*, abres la ventana y ahí la morada del cielo. Es el día en que revienta la luna y la alhucema sahúma las paredes de la casa. (2010 122, mis cursivas)

"[L]a hora del poema", como dice Zapata, es también la hora del paisaje, del mundo fenomenal, que el poeta convierte en poesía. "Los dos espacios, el espacio intimo y el espacio exterior vienen, sin cesar, si puede decirse, a estimularse en su crecimiento" dice Bachelard (1965 177), en lo que bien podría ser una apta descripción de la obra del poeta peruano. ¿Ha de sorprendernos, entonces, que Miguel Ángel Zapata, hijo de las piedras humanas de Macchu Picchu, sea un gran maestro del poema en prosa, el género literario que mejor expresa la síntesis cum ventana de la poesía (interior) y la prosa (exterior) del mundo?

Al final del día, después de un paseo por el barrio, observando el mundo que le rodea, Zapata duerme tranquilo, libre del temor cartesiano "que no hay indicios concluyentes ni señales que basten a distinguir con claridad el sueño de la vigilia…" Es decir, las temidas "ventanas" de Descartes, hacen a nuestro poeta vivir/escribir el mundo ficticio / "real".

Obras citadas

Bachelard, Gastón. *La poética del espacio.* Trad. Ernestina de Champourcin. México: Fondo de Cultura Económica. 1965.

Descartes, René. "Meditaciones acerca de la filosofía primera, etc." *Meditaciones metafísicas con objeciones y respuestas.* Introducción, traducción y notas. Vidal Peña. Madrid: Alfaguara, 1977: 4-52.

Zapata, Miguel Ángel. *Ensayo sobre la rosa: poesía selecta: 1983-2008.* Lima: Universidad de San Martín de Porres Fondo Editorial, 2010.

_____. *Fragmentos de una manzana.* Sevilla: Sibila-Fundación BBVA, 2011.
_____. *La lluvia siempre sube.* Buenos Aires: Melón Editora, 2012.

LA TRADICIÓN DEL POEMA EN PROSA EN LA POESÍA DE MIGUEL ÁNGEL ZAPATA (1)

Por Andrés Morales

Hablar del poema en prosa en lengua castellana es adentrarse en una vasta y profunda y tradición que si bien no es practicada por autores de todas las diversas literaturas de Hispanoamérica (2), posee un peso indiscutible en España, México y Perú. Al mismo tiempo, definir con exactitud lo que es o debe ser un poema en prosa complica aún más el panorama pues comúnmente se confunde con la llamada "prosa poética". Atendiendo a la definición de la profesora española Ana María Platas Tasende, esta forma poética debe entenderse como "(un texto donde) se mezclan ritmos diversos, que han de estar muy cuidados, lo mismo que la entonación, y en general, el discurso entero, siempre en peligro de caer en el prosaísmo (3) (…)". Es fundamental agregar entonces que, aunque escrito en prosa, este tipo de texto habrá de mantener y desarrollar la mayoría de las figuras y tópicos que cualquier poema escrito en verso habría de poseer. Aunque esto puede resultar evidente para un lector avezado, los poetas, la crítica y la academia aún no resuelven en propiedad este pequeño impasse que ha producido tantas páginas y ha despertado un gran número de polémicas.

Desde la perspectiva de un lector que practica también la escritura poética, me parece un tanto estéril continuar con este tipo de desencuentros en torno a una definición tan particular o concreta y a las indispensables propiedades que debe poseer un poema en prosa y que algunos quisieran acotar con una clara inspiración canónica o inquisitorial. Si bien el poema en prosa, como señalé antes, primero que nada, ha de ser poesía (y con todo lo complejo que esto significa para cualquiera que quiera acometerla), allí radica esencialmente su definición: ser poesía, nada más y nada menos… Algo que posee la libertad, la audacia, la tradición y el deslumbramiento del propio género y que ningún erudito podrá acotar ni menos restringir.

En el caso del poeta peruano Miguel Ángel Zapata las normas de la poesía se despliegan con absoluta e indiscutible claridad. El mismo autor hace referencia a su condición de "poeta en prosa" y así se define:
"El poema en prosa es un desierto lleno de dunas: el signo aparece bajo el cielo caliente y a veces te frota ligeramente el corazón. La planicie de la escritura se torna más amplia: tu pensamiento puede volar como las aves o como los cohetes, libre como dos hermosas piernas de mujer en la ciudad. No hay medida ni metro que te pare. El mundo está lleno de señales, reglas y medidas. Estamos en contra de todas esas reglas inútiles, de todo encierro y control. El poema en prosa derriba muros enormes y abre todas las ventanas de la poesía. Nosotros nos hallamos más allá de los reinos y sus reyes, más allá de la opresión y el destierro: remamos alegremente contra la corriente."(4)

De esta forma, sus poemas en prosa (5) son, antes que cualquier definición, poemas "que reman contra la corriente" de forma libre y sin mayores reglas y, más que eso, rescatando esta forma de poetizar que, insisto, para muchos resulta novedosa, pero que en estricto honor a la verdad ha sido desarrollada ampliamente por voces importantísimas de otras tradiciones literarias (inglesa, francesa, alemana, etc.) y, también en la tradición poética de la literatura española. En este sentido, siendo Zapata un escritor profundamente nuevo, con una voz propia, marcadamente hispanoamericano y, por supuesto, peruano, su voz se inscribe, pienso, como un sucesor de la gran poesía en prosa escrita en España (o más bien en el exilio español) por Juan Ramón Jiménez y Luis Cernuda. Más que con un especial "sabor peninsular" o con los recursos estilísticos propios que exhiben ambos autores, Zapata desarrolla desde su punto de vista (y desde un "exilio" sino político, al menos profesional, ya que vive y trabaja en los Estados Unidos) una escritura del poema en prosa que apunta a dos textos claves de este género. Me refiero a Espacio de Juan Ramón y a Ocnos de Cernuda.

En los poemas citados, ambos autores desarrollan ciertas particularidades que Zapata ha sabido incorporar y ampliar en su obra. Desde esta perspectiva, el poema en prosa, en general, se plantea como un espacio donde no existe una sobreabundancia de imágenes, pero donde si aparece la reflexión filosófica como un elemento esencial. Sobre todo, en Espacio, Jiménez revisa con ojo crítico el paso del hombre sobre la tierra, no desde una perspectiva histórica, sino desde su relación con la naturaleza, su propio ser y sus acciones. Critica el desapego a sus orígenes, a la propia condición de ser natural, el olvido del afecto y del amor como instrumentos fundamentales para la convivencia y para la paz. Desde luego estas meditaciones son ejercidas por un hablante poderoso que, en el caso de Zapata, a veces puede revestirse de una calidad omnisciente y totalizadora, pero que en el caso del peruano se mediatiza por la experiencia personal, por la "propia historia" haciendo de esa mirada reflexiva no una exhibición de una teoría filosófica concreta, sino una consideración atenuada que permite la entrada del recuerdo como arma para el desarrollo de la idea. Véase, por ejemplo, este fragmento del poema "Un perro negro en Vallarta": "(…) No te diré cuánto he caminado ni cuánta arena tragué este verano. Tal vez tampoco tú me quieras decir nada del arte de la soledad o del bronceado desnivelado de tu cuerpo, pero te conozco bien, y sé a qué vienes a caminar por estas playas donde hay tanta gente que no puedo distinguir a nadie. Me he convertido en una estatua de sal pero he sentido momentos increíbles de verdadera felicidad (…)". (6)

Es justamente en esta particularidad donde la escritura del autor peruano se une a la de Luis Cernuda. En Ocnos, el poeta español rememora su infancia, descubre su mundo actual desde la perspectiva de su propio pasado (recurso que Octavio Paz ha señalado como característica de uno de sus libros esenciales, La realidad y el deseo). En la obra de Zapata, no es precisamente el mundo de su infancia el que aparece como herramienta para la mirada meditativa, aunque sí la infancia de sus hijos, asunto que hace propio con naturalísima continuidad como en el hermoso poema "Un pino me habla de la lluvia":
"La bicicleta de mi hijo rueda con el universo. Es sábado y paseamos por la calle llena de pinos y enebros delgados que se despliegan por toda la ciudad.

"El sol cae en nuestros ojos por la cuesta mientras volamos con el aire seco del desierto y los piñones ruedan por las calles con el viento. El sol baja a las seis de la tarde en el invierno, y se va escondiendo por los cerros que se enrojecen con su sombra (…)."(7). El recuerdo se presenta como un pasado no pretérito sino reciente, a veces mezclándose con el presente. La mirada no se remonta a los años lejanos, sino a experiencias medianamente recientes o, incluso, a situaciones del inmediato ayer (con la excepción de algunos pocos poemas como "Ventanas", por ejemplo) en donde el tiempo es siempre, o casi siempre, un asunto primordial -en este sentido, vallejiano- y de una cercanía notable: "La lluvia cae en el lago. Ha llovido toda la mañana. Mis hijas dan de comer a los patos que se reúnen en la orilla a la hora del almuerzo. Los cuervos vigilantes acampan al costado de la casa de Stevenson, el viejo vecino que fumaba e incendiaba cabañas, pero que dejó algunas maravillas bajo este vasto y estrellado cielo. Los cuervos esperan la hora del retiro, la oración que calme su casa consternada."(8) ("Saranac Lake").

Otro asunto que lo "emparenta" con Jiménez y Cernuda y que, por cierto, es un rasgo propio de un autor moderno y contemporáneo es la constante alusión a textos, autores, obras y referencias literarias. Sin caer en la pedantería académica ni en la exhibición gratuita, Miguel Ángel Zapata se inscribe de una manera sutil, pero a la vez muy clara en el entramado de la literatura de su patria, de Hispanoamérica y, también, de la lengua inglesa y de las literaturas europeas. Así, César Vallejo, Jorge Luis Borges, Juan Gelman, Fernando Pessoa, Francis Ponge, Theodore Roethke (autor traducido por Zapata) y otros se insertan cuidadosamente, sin estridencias, en las precisiones y percepciones que el poeta entrega a su lector estableciendo un nexo que hace cómplice a éste y lo une a las lecturas del autor. Si bien, ésta no es una característica novedosa en la poesía moderna, Zapata marca una diferencia muy clara con otras formas de escritura que exageran en su barroquismo la cita y el peso de la tradición o que, simple y llanamente, obvian cualquier ligazón con ella cayendo en la aparente originalidad y en ese excesivo y, a estas horas, absurdo coloquialismo que tanto bien le hizo y tanto daño le hace a la poesía hispanoamericana.

Precisando este tema, me parece que la obra de Zapata y preferentemente su poesía en prosa, aunque en general toda su producción, posee una virtud que varios críticos han reseñado ya(9) y a los cuales me uno: la simple claridad de su palabra, su fraseo musical y armónico(10), la transparencia de un verbo que no ambiciona la altisonancia, sino el ritmo secreto de una poesía honda, que cala verdaderamente y, en este sentido, que se entrega generosamente a su lector, sin que éste tenga que enfrentarse o debatirse en el desconcierto de enmarañadas entelequias o en las boberías más que evidentes que habitan, profitan y sobreabundan en la poesía hispanoamericana.

Santiago de Chile, abril de 2007

Notas

(1) Miguel Ángel Zapata (San Miguel de Piura, 1955) es una de las voces más importantes de la actual poesía peruana e hispanoamericana. Doctor en Literatura y Profesor de Literatura Latinoamericana en la Universidad de Hofstra, Nueva York. Obtuvo su Bachiller en Artes en la Universidad Nacional Mayor de San Marcos, Lima, Perú y un Segundo Bachillerato en la Universidad de California, Estados Unidos. Posteriormente alcanzó el grado de Magíster en la Universidad de California, Santa Bárbara y su Doctorado en Filosofía y Letras en la Washington University en Saint Louis. Actualmente es el Editor de la Revista Hofstra Hispanic Review, Revista de Literaturas y Culturas Hispánicas. Ha publicado los siguientes volúmenes de poesía: Un pino me habla de la lluvia Lima: FIMART Ediciones 2007; Iguana. Lima: F.C.E., 2006; A Sparrow in the House of Seven Patios. New York: The Latino Press, 2005; Los muslos sobre la grama. Antología mínima. Buenos Aires: La Bohemia, 2005; El cielo que me escribe. Lima. Ed. Zignos, 2005 (Segunda Edición); Cuervos. México: Universidad de Puebla-Lunarena, 2003, El cielo que me escribe. México: Ediciones El Tucán de Virginia, 2002; Escribir bajo el polvo. Lima: El Santo Oficio, 2000; Lumbre de la letra. Lima: El Santo Oficio, 1997; Poemas para violín y orquesta. México: Premiá, 1991 e Imágenes los juegos. Lima: Instituto Nacional de Cultura, 1987. En su amplísima labor académica destacan sus publicaciones sobre poesía hispanoamericana y peruana, sus múltiples antologías y una notable labor ensayística publicada en las revistas más prestigiosas del ámbito académico.

(2) ienso, por ejemplo, en el caso de Chile, donde este tipo de poesía ha sido poco frecuentada, con notables excepciones, desde los comienzos del siglo veinte hasta las generaciones más actuales.

(3) Platas Tasende, Ana María. Diccionario de términos literarios. Editorial Espasa Calpe. Madrid, 2000, p. 641

(4) Zapata, Miguel Ángel, Poeta en prosa, texto enviado al autor de este texto.

(5) En este breve trabajo me referiré a los últimos textos del autor escritos entre el año 2001 y 2006 en la ciudad de Nueva York y que ha reunido y publicado este año en Lima bajo el título Un pino me habla de la lluvia.

(6) Zapata, Miguel Ángel. Un pino me habla de la lluvia. Ediciones El Nocedal S. A. C. Lima, 2007.

(7) Zapata, Miguel Ángel. Op. Cit., p. 15.

(8) Zapata, Miguel Ángel. Op. Cit., p. 22.

(9) Me refiero a Oscar Hahn, Miguel Gómes, Víctor Manuel Mendiola, Daniel Freidemberg, Cristián Gómez, etc.

(10) Siendo muy importantes también las alusiones a compositores o piezas musicales, en especial a Corelli, por ejemplo, que aparece en Un pino me habla de la lluvia o, incluso, desde los comienzos de su obra poética en títulos como Poemas para violín y orquesta (Premiá Editora, México, 1991).

Iguana de Miguel Ángel Zapata

Por Marco Antonio Campos

Iguana (Lima: Fondo de Cultura Económica, 2006) es un libro hecho a dos manos: una, con la pluma de Miguel Ángel Zapata, la otra, con el pincel de Jorge Valdivia Carrasco. Dos ideas distintas y un solo Libro verdadero. A ambos lo único, o lo que más parece unirlos, es la presencia de las aves. Retratos y palabras en un solo vuelo: unos, se quedan en el lienzo como figuras en color, otras, en la página como palabras musicales. Valdivia Carrasco parte para sus cuadros ante todo de pinturas renacentistas y las vuelve parte de su imaginación y sensibilidad. A la belleza de las imágenes de los óleos antiguos Valdivia Carrasco les otorga una nueva vida que llega volando. Vemos, entre otros, retratos de Rafael, de Piero Della Francesca o de Vermeer (la inolvidable "Niña de la perla"). En el prólogo del libro, publicado por el FCE peruano hace unos meses, Arturo Corcuera anota sobre el pintor y el poeta: "La palabra y el pincel remontan sus propios horizontes en un agitar de plumas. Cada cual afina su voz, su trazo, tocados por la fantasía y el delirio". O de otra manera dicho por Carlos Germán Belli sobre Iguana: "El hilo conductor es la presencia del reino animal en las composiciones de uno y otro creador, cada cual con su bestiario, y cada cual insertándolo en sus respectivos mundos personales".

Desde el siglo XIX, con Baudelaire (Pequeños poemas en prosa) y Rimbaud (Una temporada en el infierno), el poema en prosa se volvió tan importante en la tradición como el poema en verso, es decir, ambos poetas franceses le dieron carta de identidad moderna. Más: los libros antedichos se han visto, los vemos aún, como verdaderas obras maestras, y aun creo, por ejemplo, que los Pequeños poemas en prosa, son más cercanos a nuestra sensibilidad moderna que Las flores del mal. Tales libros, con el versículo whitmaniano, con el vers libre a la manera de Laforgue, abrieron las vías para la llegada del verso libre, la forma poética que dominó la poesía del siglo XX y domina los principios del XXI. En un principio podríamos señalar que en los Pequeños poemas en prosa de Baudelaire había más la vertiente objetiva y en la Temporada de Rimbaud la subjetiva. Es un decir. Si uno se adentra mínimamente en los libros llega un momento en donde hallamos pasajes objetivos y otros subjetivos o donde parecen comunicarse y combinarse unos y otros. El mismo Rimbaud, como saben hasta los que no saben, escribió otro libro de prosas breves, misterioso y deslumbrante (Iluminaciones), donde prevalece lo objetivo. En México, por ejemplo, han cultivado con singular brillantez el poema en prosa por diferentes vías Gilberto Owen (Línea), Octavio Paz (¿Águila o sol?, El mono gramático), Jaime Sabines (Diario semanario), José Emilio Pacheco (la sección "Prosas" en su libro Islas a la deriva) y Francisco Hernández (Mascarón de prosa).

El poema en prosa es la forma favorita de Miguel Ángel Zapata y la cual se le da como agua en la hierba. En las piezas de Iguana cuenta pequeñas historias personales o de familia o con amigos. Amante de los bestiarios, Zapata ha creado aquí y allá el suyo en su obra, y en este libro, por ejemplo, oímos, nos hace oír, el canto del sinsonte, el cual es tan bienaventurado como la música que crean el laúd y el oboe, o el canario que tiene en vez de voz la música de la flauta, o el loro, que en lugar de repetir frases y palabras repite silencios y suelta silbidos. O hallamos del reino animal a la iguana, a la que quisiera dejarla ir para que regrese desnuda al desierto, al "rinoceronte feliz", en el que quisiera convertirse para la felicidad de las niñas, al venado, al que ve pasar entre "los elevados pinos de Tahoe", y al perro Terrier, al "que le gusta oír a Mozart cuando llueve".

En los poemas de Zapata hay pequeñas y continuas bellezas. Casi no hay pieza que no me guste, pero ninguna me encanta más que una de las más extensas, dedicada precisamente a Valdivia Carrasco, "Prosas de un tren nocturno a Luxemburgo", que es un itinerario europeo, que no deja de tener secretas correspondencias, muy probablemente no buscadas, con poemas de Contranatura de su paisano y amigo Rodolfo Hinostroza.

Zapata vive, le encanta vivir, en el resplandor de la niñez. Es un niño sin edad cuyos versos ligeros vuelan con las alas de las aves o en el aire de papel de las cometas. El libro tal vez quiere ser un regalo a sus hijos que en el ayer del tiempo viven en el hoy del arte. Ellos y él quedan, gracias a la magia de la poesía, gracias a esta obra, como sus contemporáneos a finales de los años ochenta del siglo XX. Iguana es un libro para que el corazón no olvide de la niñez agitada banderas ni juguetes, un libro que el autor lo escribió de pie o caminando o en un velocípedo o en el tren o en pleno vuelo entre el aire y las nubes, lleno de goces y delicadezas, de ternuras y suaves sensualidades, un libro que salió un día desde las aguas del Océano Pacífico en la California estadounidense y alguien lo encontró años después, dentro de una botella, en el puerto de Barcelona, en el mar Mediterráneo.

Una lluvia primigenia
sobre *La nota 13*
de Miguel Ángel Zapata

Por Andrea Cote

> Regar una planta como escribir un poema,
> lenta cae el agua y da vida a la sombra.
>
> Miguel Ángel Zapata

El lector tiene entre manos una selección de lo más representativo de la producción de las últimas dos décadas del poeta peruano Miguel Ángel Zapata. Para presentar a este escritor no conviene acudir a relatos generacionales, de grupos, movimientos o países. Leyendo a Zapata se comprende pronto que su escritura apuesta por crear un universo literario atado, sobre todo, a su propia singularidad. ¿Pero en qué consiste dicha particularidad? Hay en la poesía de Zapata una forma enigmática y puede decirse incluso que una pulsión de extrañeza anima el centro de su escritura. Dicha extrañeza no radica en los temas de sus textos, atentos casi siempre a desplegar el destello de las cosas aparentemente simples de la cotidianidad; se trata más bien de un tratamiento particular de la imagen poética.

Pocos poetas como el peruano laboran tan claramente por eludir imaginarios convencionales: no reina aquí el adjetivo esperado o la lógica prevista; no obstante, lejos estamos también de un tipo de escritura hermética o de artificio experimental. La virtud que hace a la poesía de Zapata sencilla y compleja al mismo tiempo es la clave simbolista en su escritura. Su poesía se afinca entre dos fuerzas aparentemente opuestas, por una parte: la voluntad de separación que tiene su imagen poética que echa raíz en sí misma y es su principio y su génesis clara. Por otra, está el movimiento de retorno, el que conecta al poeta con una tradición, en este caso particular la de la lírica moderna y el simbolismo de Charles Baudelaire.

Los poemas de Zapata presentan escenas que en realidad son cifras. Allí la realidad no está simplemente descrita o comentada, los objetos son expuestos a partir de una cierta luz que invita a verles más allá de la apariencia, en su dimensión trascendente. Sucede así, por ejemplo, en el texto El Patio de Franklin Square donde el poeta empieza describiendo un desayuno cotidiano: "El café con crema y el pan caliente con mantequilla, la felicidad" y desde allí introduce, yuxtaponiendo estos versos, la imagen de un espejo anudado, el color del cielo al revés. En la escritura de Zapata las imágenes aglutinan sentidos trascendentes que se desprenden de realidades presentes y el lector comienza pronto a aceptar gustosamente este pacto de escritura según el cual cada objeto del mundo trae en sí la capacidad de acercarnos levemente al centro de lo indescifrable. Dicha noción, la de aquello que no puede ser descrito o explicado por su condición inescrutable es esencial para la poética de este autor quien dice: "el mar te está llamando para que labres con tus manos la piedra indescifrable de la poesía" (Ventanas). De allí que sea el símbolo el instrumento elegido para saludar el misterio en la escritura, sin al hacerlo alterar su condición.

Dentro del grupo de símbolos que ordenan el universo de la Nota 13 se destacan las formas del agua, ya sea la lluvia o el río. En este sistema de visiones y cifras la lluvia anuncia siempre los comienzos: "La lluvia alegra, trae consigo ese olor de la primera vez sobre la tierra" (La lluvia de Madeleine) y permite ver el mundo bajo nueva luz: "Las mujeres se ven más hermosas cuando llueve: son esculturas de agua en movimiento."

(Central Park). También hay figuras animales como el cuervo, que aparece a menudo para representar la soledad, o el loro que nos habla de una curiosa forma del silencio. Pero en este alfabeto de símbolos el cielo es rector, insertándose Zapata de esta forma en una de las más antiguas tradiciones literarias: la del poeta como vidente que lee signos en la bóveda celeste. Aquí; no obstante, el poeta no pretende deshacer la cifra de la bóveda sino simplemente señalarla, proclamar su destello, y, lo que es más importante, declararse también él parte de esa cifra indescifrable, de ese cielo que le escribe.

Las ciudades son otro símbolo de capital importancia en la Nota 13, a través de ellas el poeta realiza el viaje de la escritura que es un peregrinaje ya de vida como de conocimiento. Los poemas sobre ciudades de este libro convocan la tradición del poeta como flâneur, ese paseante que asiste al flujo del mundo en la revelación repentina de la escena urbana y cuya tarea es desprender del pasar impreciso de la multitud el destello heroico de la vida. Pero las ciudades son también aquí la muestra de que el signo del poeta es el viaje, no sólo del desplazamiento físico, del cual los textos sobre Barcelona, New York, París o Montreal son huellas; sino también de la escritura poética como metáfora de encuentro y desarraigo. Por eso Zapata cita a Rilke cuando dice "para escribir un solo verso, hay que haber visto muchas ciudades, hombres y cosas ". No obstante, recorrer y habitar las ciudades aquí no implica, necesariamente, describir los ritmos y formas de la metrópoli, el viajero es uno que se mueve principalmente a través de geografías irreales, Marco Polo, el hombre que recorre las ciudades pero para tan sólo habitarlas desde dentro: "Marco me decía que no permaneciera por mucho tiempo en ninguna parte del mundo. El mundo es como la plaza de San Marcos, murmuraba, hay que cruzarla miles de veces para que puedas ver las verdaderas aguas del tiempo" (Los canales de piedra).

Finalmente, resalto el carácter pictórico del lenguaje de este autor, lo que viene a contribuir al modo en que los colores adquieren también un valor simbólico en su obra, particularmente el azul, que une las potencias de cielo y agua. Pero encontramos además referencias directas a cuadros y pintores, lo que tiene ver con la apertura de instancias para la escritura literaria cuya intensidad siempre se renueva en el encuentro con las otras artes. La poesía de Zapata se mantiene atenta a esa potencialidad del encuentro con el signo ajeno y ya sea convocando a Tsuchiya o Goya o a la música de Paganini o Dvorak se esfuerza por tensar los límites de esa potencia visual que es la imagen poética. Con Miguel Ángel Zapata saludamos la consagración de una escritura que se fortalece en su singularidad y que no obstante se mueve siempre en el regreso a un solo principio clásico, aristotélico, según el cual escribir poesía es apurar el encuentro con la metáfora, que es ver con la mente.

Prólogo a la Nota 13 (Bogotá, 2015).

ACERCA DEL AUTOR

Miguel-Ángel Zapata, poeta y ensayista peruano, es profesor principal de literatura latinoamericana en Hofstra University, Nueva York. Ha publicado: *La iguana de Casandra. Poesía selecta* (Fondo de Cultura Económica, 2021), *Cancha de arcilla. Poemas en prosa* (Summa 2021), *Un árbol cruza la ciudad* (Máquina Purísima, 2019-El Tucán de Virginia, 2020), *A Tree Crossing the City* (Edición bilingüe) (New York Poetry Press, 2019), *Chopin invitado a casa* (Edición bilingüe-Ultramarina, Sevilla, 2019), *Con Dylan Thomas volando por Manhattan* (Buenos Aires Poetry, 2019), *Hoy dejó de ser invierno por un día* (Buenos Aires, 2017), *La nota 13* (Bogotá, 2015), *Hoy día es otro mundo* (Granada, España, 2015), y la traducción de su poesía selecta al italiano: "Uno escribe poesia camminando" (Antologia personale 1997-2015), trad. de Emilio Coco (Roma, Ladolfi Editore, 2016).

También destacan los poemarios: *La ventana y once poemas* (México, 2014), *La lluvia siempre sube* (Buenos Aires, 2012), *Fragmentos de una manzana y otros poemas* (Sevilla, 2011), *Ensayo sobre la rosa. Poesía selecta 1983-2008* (Lima, 2010), *Los canales de piedra. Antología mínima* (Valencia, Venezuela, 2008), *Un pino me habla de la lluvia* (Nocedal, 2007), *Iguana* (FC.E., 2005), *Los muslos sobre la grama* (Buenos Aires, 2005), *El cielo que me escribe* (El Tucán de Virginia, 2002), *Escribir bajo el polvo* (Lima, 2000), *Lumbre de la letra* (Lima, 1997), *Poemas para violín y orquesta* (México, 1991), *Imágenes los juegos* (Lima, 1987), entre otros. Su poesía ha sido traducida al inglés, francés, italiano, portugués, árabe y ruso. Ha traducido también al castellano a poetas de habla inglesa como Theodore Roethke, Mark Strand, Charles Simic, Charles Wright, Louise Glück, William Carlos Williams y Dylan Thomas.

En su obra crítica y ensayística destacan: *¿Quién tropieza por afuera? Trilce, Cien Años* Después Lima: Summa, 2022/ Mexico: El Tucán de Virginia, 2022), *Ya a venir el día. César Vallejo. Poesía selecta* (Málaga: Poéticas Ediciones, 2021), *Degollado resplandor. Poesía de Blanca Varela (1949-2000)* (Santiago de Chile: Ed. Universitaria/ Fundación Vicente Huidobro, 2019), *La voz deudora. Conversaciones sobre poesía hispanoamericana* (Fondo de Cultura Económica, 2013), *Vapor trasatlántico. Estudios sobre poesía hispánica y norteamericana* (Lima-México: F.C.E.-Universidad de San Marcos, 2008), *Asir la forma que se va. La poesía de Carlos German Belli* (Lima: Universidad de San Marcos, 2006), *El hacedor y las palabras. Diálogos con la poesía de América Latina* (Lima- México: F.C.E., 2005), *Moradas de la voz. Notas sobre poesía hispanoamericana contemporánea* (Lima: Universidad de San Marcos, 2002), *Nueva poesía latinoamericana* (México: UNAM, 1999), *Metáfora de la experiencia. La poesía de Antonio Cisneros* (Lima: PUCP, 1998), entre otros.

Acerca del artista

Juan Carlos Mestre, poeta y artista visual, nace el 15 de abril de 1957 en Villafranca del Bierzo (León). En 1982 publica su primer libro, *Siete poemas escritos junto a la lluvia*, al que seguirán, en 1983, *La visita de Safo* y *Antífona del Otoño en el Valle del Bierzo*, poemario con el que obtiene el Premio Adonais de poesía en 1985. En 1987, durante su estancia de varios años en Chile, publica Las páginas del fuego y, ya de regreso a España, *La poesía ha caído en desgracia* (Editorial Visor), libro por el que se le otorga en 1992 el Premio Jaime Gil De Biedma.

Como artista visual ha expuesto su obra gráfica y pictórica en galerías de Europa, EE. UU. y América Latina, así como editado numerosos libros de artista en colaboración con otros artistas y poetas como José María Parreño, Amancio Prada o Rafael Pérez Estrada.

Con *La tumba de Keats*, editado por Hiperión y escrito durante su estancia en Italia como becario de la Academia de España en Roma, obtuvo el Premio Jaén de poesía 1999, año en el que se le concede una Mención de Honor en el Premio Nacional de Grabado de la Calcografía Nacional, semejante distinción que obtiene en la VII Bienal Internacional de Grabado Caixanova 2002. El 2009 le otorgan el Premio Nacional De Poesía por su libro *La Casa Roja*, publicado en la editorial Calambur.

http://www.juancarlosmestre.com

ÍNDICE

Los muslos sobre la grama
Poesía en prosa
(Antología personal)

**Con acuarelas de
Juan Carlos Mestre**

Acuarela 37

Acuarela sobre papel super alfa
41 x 29 cm /76 x 56 cm

El poder lírico de Miguel Ángel Zapata · 11
Poética en prosa · 21

Acuarela AM 472

Acuarela 28 x 28 cm sobre papel super alfa 56 x 76 cm

I

Campus · 29
Los muslos sobre la grama · 30
Ensayo sobre la rosa · 31
La ventana · 37
Amor de paso · 39
Liebeslied · 40
Tragaluz · 41
Picnic · 42
Tenis · 43
Cancha de arcilla · 44
Hoy día avanza como salmón la poesía · 45
Nuestro pobre árbol desnudo y seco · 47
Mi canario belga y su sonata inconclusa · 49
La duda de no decir nada · 51

Acuarela AM 494
El hombre pájaro

Pintura sobre papel super alfa
28 x 28 cm / 56 x 76 cm

II

Escribo en mi ventana · 57
Apuntes para un loro que no conoce tristeza · 58
Morada de la voz · 59
Prosas en un tren nocturno a Luxemburgo · 64
Después de leer a Theodore Roethke · 73
El aire · 74
Alhucemas para William Carlos Williams · 75
Renacimiento · 76
Caminando por el muelle de Santa Bárbara · 78

Acuarela AM 429

Pintura sobre papel
50 x 36 cm

III

Los gansos de Island Trees · 85
Los canales de piedra · 86
La luna de mi perro · 88
El patio de Franklin Square · 89
Mi loro ha muerto · 91
El cielo que me escribe · 92
La fuente · 93
Mi cuervo levita · 94
La octava estación de Babel · 95
Mi cuervo se desata · 96
La iguana de Casandra · 97

Pintura AM 497

*El territorio
de las ensoñaciones*

Pintura sobre papel super alfa
76 x 56 cm Monotipo

IV

Mi cuervo anacoreta · 103
Mi cuervo toca Rabel · 104
La lengua que yo quiero · 105
La lluvia lila · 106
El espacio del poema es un río · 107
Coros · 108

Acuarela 438

Pintura y técnica mixta sobre papel
50 x 40 cm

V

La hora del poema · 113
Saint Louis · 113
Lumbre de la letra · 114
El Cañon de Colorado · 113
Saint Escolástica · 119
El vino y el magnolio · 121
El puente de Brooklyn · 122
Una foto de mi madre · 123
Suelo escribir de noche · 124
Caminando con Thoreau · 125
Visión de Osip Maldestam · 126

Acuarela AM487

Los argonautas
Pintura sobre papel superalfa
56 x 38 cm / 76 x 56 cm

VI

Chopin invitado a casa · 131
Lima · 132
La lluvia · 134
East Village · 135
Plaza de los naranjos · 136
El grito de Munch · 137
El arno · 138
Tiempos difíciles · 139
Viajes · 140
Madrid · 141
Haydn · 142
Declina el sol al revés de la playa · 143
La lluvia · 144
La mesera · 145
Oto árbol cruza la ciudad · 146

Acuarela 58

El sombrero de los elocuentes
Acuarela
25 x 34 cm

VII

Paseos por Manhattan · 151
La Noria · 152
Uno escribe poesía caminando · 153
Montreal · 157
Bryant Park · 158
Devorak · 159
Mi corazón devastado · 160
Un pino me habla de la lluvia · 161
Una puerta · 162
Resplandor · 164
Central Park · 165
La cuerva de Nueva York · 166
Caminando a Logroño · 172
Dylan Thomas vuela por Manhattan · 174
La cama · 175
Ya no te tengo ángel de la guarda · 178

Acuarela AM 490

Epifanía de la A
Pintura sobre papel super
alfa
28 x 38 cm

Apéndice I
Entrevista a Miguel Ángel
Zapata
Mónica Samiento-Archer

MAZ y el universo del poema en prosa · 183

Acuarela AM 480

El mar del aire
Pintura sobre papel super
alfa 76 x 56 cm

Apéndice II
Acercamiento a la poesía de Miguel Ángel Zapata
Selección de Marisa Russo

Miguel Ángel Zapata y *La iguana de Casandra* · 195
Por Miguel Idelfonso

El café con crema y el pan caliente con mantequilla, · 199
la felicidad "Hoy día es otro mundo" de MAZ
Por Martín Rodríguez Gaona

Los muslos sobre la grama de Miguel Ángel Zapata · 201
Por Liliana Lukin

Miguel Ángel Zapata y la sacralización de la realidad · 205
Por Óscar Hahn

La última rosa. *Fragmentos de una manzana y otros poemas* · 209
de Miguel Ángel Zapata
Por Malva Flores

De los santos días · **215**
Por Miguel Casado

El susurro de las rosas · **223**
[A propósito de la poesía de Miguel Ángel Zapata]
Por Roger Santiváñez

Ojos que dicen algo inexplicable · **227**
Sobre la poesía de Miguel Ángel Zapata
Por Carlos López Degregori

Evoluciones en *Cancha de arcilla* · **231**
Poemas en prosa de Miguel Ángel Zapata
Por Rossella Di Paolo

Ensayo sobre la rosa · **237**
Por Ricardo González Vigil

Un árbol cruza la ciudad de Miguel Ángel Zapata · **239**
Por Cecilia Podestá

Hoy día es otro mundo · **241**
La poesía de Miguel Ángel Zapata
Por Álvaro Valverde

Miguel Ángel Zapata · **243**
y el espacio interior de la poesía
Por Rolando Pérez

La tradición del poema en prosa en la poesía · **251**
de Miguel Ángel Zapata
Por Andrés Morales

Iguana de Miguel Ángel Zapata · 259
Por Marco Antonio Campos

Una lluvia primigenia · 263
Sobre *La Nota 13* de Miguel Ángel Zapata
Por Andrea Cote

Acerca del autor · 271
Acerca del artista · 273

Colección
VIVO FUEGO
Poesía esencial
(Homenaje a Concha Urquiza)

1
Ecuatorial / Equatorial
Vicente Huidobro

2
Los testimonios del ahorcado (Cuerpos siete)
Max Rojas

Colección
PIEDRA DE LA LOCURA
Antologías personales
(Homenaje a Alejandra Pizarnik)

1
Colección Particular
Juan Carlos Olivas

2
Kafka en la aldea de la hipnosis
Javier Alvarado

3
Memoria incendiada
Homero Carvalho Oliva

4
Ritual de la memoria
Waldo Leyva

5
Poemas del reencuentro
Julieta Dobles

6
El fuego azul de los inviernos
Xavier Oquendo Troncoso

7
Hipótesis del sueño
Miguel Falquez Certain

8
Una brisa, una vez
Ricardo Yáñez

9
Sumario de los ciegos
Francisco Trejo

10
A cada bosque sus hojas al viento
Hugo Mujica

11
Espuma rota
María Palitachi (Farazdel)

12
Poemas selectos / Selected Poems
Óscar Hahn

13
Los caballos del miedo / The Horses of Fear
Enrique Solinas

14
Del susurro al rugido
Manuel Adrián López

15
Los muslos sobre la grama
Miguel Ángel Zapata

16
El árbol es un pueblo con alas
Omar Ortiz

17
Demasiado cristal para esta piedra
Rafael Soler

18
Carmen Nozal

Colección
MUSEO SALVAJE
Poesía latinoamericana
(Homenaje a Olga Orozco)

1
La imperfección del deseo
Adrián Cadavid

2
La sal de la locura / Le Sel de la folie
Fredy Yezzed

3
El idioma de los parques / The Language of the Parks
Marisa Russo

4
Los días de Ellwood
Manuel Adrián López

5
Los dictados del mar
William Velásquez Vásquez

6
Paisaje nihilista
Susan Campos Fonseca

7
La doncella sin manos
Magdalena Camargo Lemieszek

8
Disidencia
Katherine Medina Rondón

9
Danza de cuatro brazos
Silvia Siller

10
Carta de las mujeres de este país / Letter from the Women of this Country
Fredy Yezzed

11
El año de la necesidad
Juan Carlos Olivas

12
El país de las palabras rotas / The Land of Broken Words
Juan Esteban Londoño

13
Versos vagabundos
Milton Fernández

14
Cerrar una ciudad
Santiago Grijalva

15
El rumor de las cosas
Linda Morales Caballero

16
La canción que me salva / The Song that Saves Me
Sergio Geese

17
El nombre del alba
Juan Suárez

18
Tarde en Manhattan
Karla Coreas

19
Un cuerpo negro / A Black Body
Lubi Prates

20
Sin lengua y otras imposibilidades dramáticas
Ely Rosa Zamora

21
*El diario inédito del filósofo vienés Ludwig Wittgenstein /
Le Journal Inédit Du Philosophe Viennois Ludwig Wittgenstein*
Fredy Yezzed

22
El rastro de la grulla / The Crane's Trail
Monthia Sancho

23
Un árbol cruza la ciudad / A Tree Crossing The City
Miguel Ángel Zapata

24
Las semillas del Muntú
Ashanti Dinah

25
Paracaidistas de Checoslovaquia
Eduardo Bechara Navratilova

26
Este permanecer en la tierra
Angélica Hoyos Guzmán

27
Tocadiscos
William Velásquez

28
De cómo las aves pronuncian su dalia frente al cardo /
How the Birds Pronounce Their Dahlia Facing the Thistle
Francisco Trejo

29
El escondite de los plagios / The Hideaway of Plagiarism
Luis Alberto Ambroggio

30
Quiero morir en la belleza de un lirio /
I Want to Die of the Beauty of a Lily
Francisco de Asís Fernández

31
La muerte tiene los días contados
Mario Meléndez

32
Sueño del insomnio / Dream of Insomnia
Isaac Goldemberg

33
La tempestad / The tempest
Francisco de Asís Fernández

34
Fiebre
Amarú Vanegas

35
63 poemas de amor a mi Simonetta Vespucci /
63 Love Poems to My Simonetta Vespucci
Francisco de Asís Fernández

36
Es polvo, es sombra, es nada
Mía Gallegos

37
Luminiscencia
Sebastián Miranda Brenes

38
Un animal el viento
William Velásquez

39
Historias del cielo/Heaven Stories
María Rosa Lojo

40
Pájaro mudo
Gustavo Arroyo

41
Conversación con Dylan Thomas
Waldo Leyva

42
Ciudad Gótica
Sean Salas

43
Salvo la sombra
Sofía Castillón

44
Prometeo encadenado / Prometheus Bound
Miguel Falquez Certain

45
Fosario
Carlos Villalobos

✺

Colección
CRUZANDO EL AGUA
Poesía traducida al español
(Homenaje a Sylvia Plath)

1
The Moon in the Cusp of My Hand /
La luna en la cúspide de mi mano
Lola Koundakjian

2
Sensory Overload / Sobrecarga sensorial
Sasha Reiter

Colección
PARED CONTIGUA
Poesía española
(Homenaje a María Victoria Atencia)

1
La orilla libre / The Free Shore
Pedro Larrea

2
*No eres nadie hasta que te disparan /
You are nobody until you get shot*
Rafael Soler

3
Cantos : & : Ucronías / Songs : & : Uchronies
Miguel Ángel Muñoz Sanjuán

4
13 Lunas 13 / 13 Moons 13
Tina Escaja

5
Las razones del hombre delgado
Rafael Soler

6
Carnalidad del frío / Carnality of Cold
María Ángeles Pérez López

Colección
MEMORIA DE LA FIEBRE
Poesía feminista
(Homenaje a Carilda Oliver Labra)

1
Bitácora de mujeres extrañas
Esther M. García

2
Una jacaranda en medio del patio
Zel Cabrera

3
Erótica maldita / Cursed Erotica
María Bonilla

4
Afrodita anochecida
Arabella Salaverry

5
Zurda
Nidia Marina González Vásquez

Colección
Premio Internacional de Poesía
Nueva York Poetry Press

1
Idolatría del huésped / Idolatry of the Guest
César Cabello

2
Postales en braille / Postcards in Braille
Sergio Pérez Torres

3
Isla del Gallo
Juan Ignacio Chávez

4
Sol por un rato
Yanina Audisio

5
Venado tuerto
Ernesto González Barnert

6
La marcha de las hormigas
Luis Fernando Rangel

7
Mapa con niebla
Fabricio Gutiérrez

8
Los Hechos
Jotaele Andrade

Colección
CUARTEL
Premios de poesía
(Homenaje a Clemencia Tariffa)

1
El hueso de los días
Camilo Restrepo Monsalve

-

V Premio Nacional de Poesía
Tomás Vargas Osorio

2
Habría que decir algo sobre las palabras
Juan Camilo Lee Penagos

-

V Premio Nacional de Poesía
Tomás Vargas Osorio

3
Viaje solar de un tren hacia la noche de Matachín
(La eternidad a lomo de tren) /
Solar Journey of a Train Toward the Matachin Night
(Eternity Riding on a Train)
Javier Alvarado

-

XV Premio Internacional de Poesía
Nicolás Guillén

4
Los países subterráneos
Damián Salguero Bastidas

-

V Premio Nacional de Poesía
Tomás Vargas Osorio

5
Las lágrimas de las cosas
Jeannette L. Clariond

-

Concurso Nacional de Poesía
Enriqueta Ochoa 2022

6
Los desiertos del hambre
Nicolás Peña Posada

-

V Premio Nacional de Poesía
Tomás Vargas Osorio

Colección
Mundo del revés
Poesía infantil
(Homenaje a María Elena Walsh)

1
Amor completo como un esqueleto
Minor Arias Uva

2
La joven ombú
Marisa Russo

Para los que piensan, como Octavio Paz, que la "poesía es la unión de dos palabras que uno nunca supuso que pudieran juntarse", este libro se terminó de imprimir en el mes de marzo de 2022 en los Estados Unidos de América.

www.ingramcontent.com/pod-product-compliance
Lightning Source LLC
Chambersburg PA
CBHW071203240426
43668CB00032B/1954